光文社知恵の森文庫

長野慶太

アホな上司のもとで働く21の法則

『アホな上司はこう追い込め！』改題

光文社

Get the job done with your soft-leadership !!

For Ralph and Cheryl Parra, for your superb sense of humor and intelligence

——あなたの上司だって
好きで「アホ」をやっているわけではないのだ。
今日から上司批判などやめて、
彼にも働く機会を、あなたが与えてあげよう。

はじめに

不況下ほど上司はバカなことをする。
あなたは仲間と上司の手を引いてでも組織を動かし、
会社を救えるか?

「上司をいい意味で使え」という言い方がある。だが、私に言わせると、〝いい意味で〟はまったく余計である。

そんな言説は、先輩プロレスラーに遠慮しておそるおそるキックを飛ばす新米レスラーの心理を思わせる。

上司にビビることはない。

なぜといって、部下も上司も基本的には「顧客のため」「マーケットのため」、会社に使われる身であるからだ。

だから、「いい意味」も「悪い意味」もない。

会社に代わってあなたが上司を働かせて初めて、あなたの会社は「勝つ組織」として機能し始めるはずだ……。

それを「顧客至上主義」「マーケット至上主義」というのではなかったか？

にもかかわらず、だ。

最近は部下がいかにしてダメな上司とわかり合うか、という類の本が増えているのに驚かされる。

いくつか読んでみたが、読書の成果はまるでなかった。

この手の本は、どうやら３つに大別できそうだ。

◎ゴマをすって上司と価値観を共有しているふりをし、「わかり合えた」という仮想空間で仕事をさせてもらう術

◎上司とつきあうストレスを自分の考え方のパラダイムシフト——たとえば「上司を反面教師だと思うことにする」などの工夫——で上司との関係をなんとか保つようにする術

◎小手先の会話術を身につける。「ああ言われたらこう言い返せ」とか、「こう言っておいて、そのあとこう揺さぶってみろ」というようなテクニックを駆使して、上司との衝突の回避に専念する術

ちょっと待ってほしい。

そんなことで本当に仕事がうまく回るんだったら、そうすればいい。

しかし、本当にぼんくら上司のもとで働いている人は、「そんなことぐらいでうまくやっていけるなら、苦労はしない」と思っているはずだ。

私は日本で10年、アメリカで15年、ビジネスの現場に立ってさまざまなぼんくら上司を自社・他社ともに見てきた。

特に、日本の対米進出を支援してきたコンサルティングにおいてネックとなるのは、い

つもぼんくら上司だった。

そんなときに「(ウチの上司は)ああいう人だから仕方がない」などと我慢して腹にためてしまうから、上司が図に乗るのだ。

あなたが運悪く、ぼんくら上司のもとに置かれたら、私が主張する対応策は次の2つしかない。

①そんな職場(ぼんくら上司のもと)で我慢しない。ただちに転職検討開始!

②自分のミッションと職場をいま放り出すわけにいかない場合、ぼんくら上司をうまく動かし、働かせて、やりたい仕事は絶対にやり切る!

①については過去に別途詳しく述べた。

本書でみなさんにお教えするのは、②を実現するための具体的なテクニックである。

私は前作、前々作で、あえて誰も言わなかったビジネスタブーに挑んできた。

おかげさまでベストセラーになり、大絶賛と大非難の嵐を巻き起こし、この〝焚書シリーズ〟も第3弾になった。

しかし、何もタブーに固執しているわけではない。

私はただ、「まともなことをまともにやるべきだ」と進言しているにすぎない。

それが、「あたりまえのことをタブーにしてしまっている」日本の会社組織があまりにも多いがために、私のごくあたりまえの提言がタブー視されるだけの話である。

私はこの焚書シリーズで、じつに幅広いことを主張させてもらっているが、3冊に一貫していることは、**「会社とあなたのご縁は一期一会であり、お互いが成長し合える環境でないのであれば、そんなご縁は自分から断ち切ったほうがいい」**ということだ。

これは、「お互いが幸福を目指せる職場かどうか」と言い換えてもいい。

ところが、あなたの**上司はぼんくらでも、あなたがめったにめぐり合えないやりがいのある仕事を抱えている場合がある。**

そんなときは、

上司を追い込んででも、やるべき仕事を進めてみたい!

と思うだろう。

辞めるほどの覚悟があれば、できることだと思う。

間違ってはいけないのは、それでも権限上、組織を動かすのはあなたの上司であって、あなたではないとわきまえることだ。

ただ、現場で実際に職場を回している者に目を向ければ、それはさまざまな有能な人間の支えを受けて回していることが多い。

であれば、**権力や権限を持たないあなたが、権力や権限を持つ人をうまく動かすことで組織をあるべき方向に導いていくというのはどうだ? そしてやりたい仕事、やるべき仕事をやらせてもらおうではないか。**

それは決して上司を「突き上げる」ことではない。だから本書では簡便にこれを「ソフトリーダーシップ」と呼ぼうと思う。

突き上げて上司が動くのなら誰も苦労はしない。熱血ドラマではないのだから、それでは現場は絶対に回らないことをあなたも私もよく知っている。

むしろ現場で突き上げれば、上司はかえって意固地になるのをあなたも私もよく知っている。

だから――、

➡よしんば本人を追い込む場面でさえ、あくまで「本人が追い込まれているとはわからないように」追い込むのだ。

あなたの仕事において、これほど戦略が求められることはない。

乱暴にひとことで言えば、「うまくやれ」ということになる。

詳細を教えろというなら、２００ページ以上を使って、まごころを込めて書いたので読んでほしい。

＊

さて、今回も条件を出させていただく。

年間10冊もビジネス書を読まない方は、本書はあと回しにされたほうがいい。

焚書タブーシリーズのこれまでの2冊は応用編中の応用編だが、本書は応用も何も、類書どころかジャンルさえないと言ってよい。

この本に弱点があるとしたら、それは類書がないゆえに書店にてこの本を並べる棚がなく、のんびりとした社会文化論の棚などに挿された暁には、本書を本当に必要とする読者と出会う機会さえないということだ。

だから平積みの期間が終わったら、本書はおそらくあなたの目に留まることは二度とない。

知的ウォームアップとしては、仕事術などに関する本を先にあたっておいてほしい。

そこでは「話せばわかる」とか「まずはこちらが誠意を見せる」とか「協調性を重んじよ」とか「上司だって人の子だ」とか、相変わらず情緒的な示唆ばかりで具体的な提案のない中身がほとんどだろうが、退屈をこらえて読んでおいてほしい。

この本を先に読んでしまうと、ビジネスとはこんなにダイナミズムに溢れ、会社とはこれほどにも柔軟性のある組織だったのかと思えてくる。それは完璧な間違いだ。

会社は変わらない。気持ちのうえでは、絶対に変わらないと断言したいくらいだ。

しかしそれでも変えようという意欲のある人のために、

「命までかける必要はない。そこまでの根性の持ち主なら、自滅する前にこんなやり方をやってみたまえ」

という、〝意識上の同盟人《あなた》〟に向かって私なりの良心から書いたものだ。

あなたの人生。
あなたの仕事。
だからあなたは、命をかけてはいけない。上司を動かすのだ。
その意味で、不況とは、あなたに与えられた絶好のチャンスだと言える。

［注］

前作同様、ビジネスマンという表記をご容赦いただきたい。

著者としてはBusiness Personという性別にとらわれない表記がもっともしっくりくるが、これをカタカナでビジネスパーソンとやるのはどうもうわついた感じで、読者との魂のやりとりの土俵になじまない。

本書はまったく特定の性を対象としていない。

目次

第1章
上司を動かすための事前の仕込み……045

第2章

タイプ別、上司の効果的な動かし方

本書は『アホな上司はこう追い込め！』
（２００９年・光文社ペーパーバックスビジネス）に
加筆、修正、改題して文庫化したものです。

序章

「顧客至上主義」が「上司ご都合主義」に敗れた日

お客さまはあなたと会社を常に試している。
それでも上司が絶対？
——そんなことでいいのか！

私が古巣の会社（三井銀行）の個室に閉じ込められ、全管理職の前で声を上げて泣いた、あの日の話から始めよう。

銀行というのは不思議な商売で、ライバル間に商品力の差がほとんどない。インプット（仕入れルート）がどこも同じなので、アウトプットも同じになってしまうからだ。だから、他業種と比べてはるかに高い確率で「顧客に取り替えられてしまう商売」なのである。

「銀行はおたくだけじゃないからね――」

こういう言葉を毎日のように浴びせられて銀行の営業マンは育っていくといっても過言ではない。

頻繁に取り替えられるということは、新規先を常に求めて開拓していかなければならないということと同義だ。

これは市場が銀行に課している〝天の声〟だ。

だから、私の職場も新規先の開拓に必死だった。

支店業務とは基本的に業績を点数に換算した点取り競争を、ほかの支店と熾烈にくり広げることだが、新規先に与えられる配点はとても大きい。かつて取引があって、今はなくなってしまった顧客に（一定以上のボリュームの）融資を復活させるのも同じく配点が大きかった。

あらかじめ断っておくが、私が華々しく新規先を開拓した武勇伝を披露しようとしているのではない。

当時、私は外国為替を担当し、法人取引先のためにドルや円を売買したり、外為スワップやオプションを提案したりしていた。

がんばったのは外回りをしていた後輩だ。

この後輩が、かつては大きな融資取引があったのに、担当者に無礼があったとの理由ですっかり取引を引き揚げられてしまったYという会社にアプローチしていた。

当時のY社の経理担当責任者は転職してしまい、新しい人に代わっていたので、「無礼」うんぬんはもうどうでもよく、比較的前向きに後輩と商売の話をしてくれた。

しかし、銀行取引を復活させるには、それなりの理由がないと社長を説得できないということで、具体的な話にはなかなか進まなかった。

この会社は一部貿易取引をやっていたので、後輩は外為の私に同行訪問を頼んできた。

この会社の取引銀行は、どこも外為での踏み込んだ提案をしていなかったので、「外為の観点から、うちとの取引の優位性をプレゼンしてもらえないでしょうか」と、後輩からは頭を下げられていた。

経済小説のようにトントン拍子では進まなかったが、訪問を重ね、輸入ユーザンスなどの外為融資の話を糸口に、社長の気持ちをひきつけることに成功し、「じゃあ、取引復活も検討しておくよ」という言葉も得た。

ここまで、**後輩も私も業務日誌で経過報告をしている。また、後輩は喜んで、新規取引先の獲得会議でこのY社の名前を何度も出して状況を報告している。**

後輩はがんばって「いつか」のために決算書も入手していた。

だからこちらも、Y社の信用状態をだいたいまとめておいた。

「いつか」は突然やってきた。

一部上場会社の手形の割引（融資）をうちに回してくれるというのだ。

電話は後輩にではなく、私にかかってきた。ただちに軽自動車に飛び乗り、訪問した。

「本当にうちともう一度、取引をされるおつもりがありますか？」

相手はこう切り出した。

融資取引は物品販売とは違うので、当然、支店長の承認なしに即答はできない。それは先方もわかったうえで、話を続ける。

「この手形、持っていってください。手形割引をなさりたいのなら、どうぞ。こちらも誠意を見せているつもりです。

もちろん、そちらの方針で、やっぱりうちのような中小企業とは取引したくないというのであれば、どうぞ手形を返してください。天下の三井さんにとっては、うちのような企業は吹けば飛ぶようなものでしょう。さ、コミットメントなしでいいです」

そんなことを言いつつ、私の反応を、感情をいっさい込めない目で覗き込む。

後輩でなく、私に電話をかけてきたわけがわかった気がした。

「あんたのところは、口だけなのか、本当に信頼できる銀行なのか、それを知りたい……」

そういうことなのだ。

手形が数枚差し出された。

私は相手の強い視線を胸の真ん中で受け止めながら、（まだ割引できると決まっていないので）「融資」ではなく「取り立て」という形で預り証を書くことで相手の了承を得て、手形を受け取った。

私は深く頭を下げた。

あの会社の深緑のカーペットを今でも鮮明に思い出す。

私は大急ぎで支店に戻って融資稟議を書き上げた。

ところが、これが上司の反感を買った。

「新規先と取引を開始するのに、いきなり稟議を上げるやつがあるか！」という理屈だ。

信用状態や決算書分析を事前に口頭協議して、支店経営陣のさまざまな疑問を1つひとつつぶしてから、稟議を上げろというのだ。

つまり、**この支店独特の「立ち話審査会」（事前協議）を通さずに稟議を上げたことで、**

上司を軽く見ていると思われたのだ。

「そんなおさだまりは、ケースバイケースにしてほしい」

そういう言葉が私の喉元まで出かかった。

事前協議は銀行のルールにはないものだし、支店としても習慣的にそうしているだけで、誰かがそういうローカルルールを定めたわけではない。

そもそも、稟議をするのに協議がいるんだったら稟議制度なんていらない。すべての案件を気が済むまでしゃべり続ければいいのだ。

私は手続きに違反しているのではない。

それに「いきなり」どころか、日誌でも毎週の会議でも報告はくどいほど上げている。特殊事情なので、「立ち話審査会」の時間がなかっただけだ。

一部上場の会社の手形。割引期間も長くない。商取引の実態もつかんでいるし、念には念を入れて発行銀行に手形取引の有無も確認している。資金繰りもつかんでいたので、通常、ライバル行に持ち込んでいた手形の一部を回してくれたのだということも把握していた。会社の財務内容に急激な変化も生じていないし、自社ビルの担保余力は十分。決算も最新の試算表もしっかりしているし、去年もその前の年も十分な利益を上げている。不透明な投資の実態もないし、在庫の水準も悪くない。社員の応対もしっかりしている——。

こんな融資案件を決められないようなら、銀行員の資格はない！　あるわけがない！

支店長に対して、「慎重にも慎重を重ねて審査した結果、おそるおそる稟議を上げた」という形にしておきたいという上司の気持ちはわかる。

だが——、

「手形を返してこい！」

「そんなことはできません！」

こう答えるしかない。

顧客は「かつて自分を侮辱した銀行」を今、試している。

私が三井銀行を代表する形で試されている。

私は〝天の声〟に問うていた。

「おれが従うべきは上司なのか？　天の声なのか？」

私には稟議をいったん取り下げ、手形を返し、また1からおままごとの相談ごっこをして上司の顔を立てることなどとてもできない。

上司だって、三井銀行の中でも名門店と言われるこの都心の支店に融資課長として来た人だ。少なくとも無能ではない。この稟議の結末が、「ＹＥＳ」以外になりえないことを、私以上によく知っていたはずだ。

そのように私が足元を見たうえで稟議を上げてくるのが、さらに腹立たしかったのだろう。それはよくわかる。

しかし、時間がない。

ここでだらだらと顧客への返事に時間をかけると、「そんなに三井銀行はおれのところを信用しないのか？　こんな手形も割らないというのか」と、一生の不信になる。

その現場の空気をわかっているのは私だけだった。

だから、「稟議は取り下げない」と言い続けた。

上司は私が席を外している間に各部門に相談したらしく、私は個室に呼び出された。**1人対7人か8人か、数はもう忘れた。支店長以外の全管理職が集まった。**徹底的に質問攻めにあう。

「もしこの会社がつぶれて、この手形を出している上場会社もつぶれたらおまえ、どう責任を取るんだ？」

「うちに割引を回してくれたという資金使途が嘘で、本当は赤字資金だったり、Y社が大きな焦げつきを抱え込んでいたりしたらどうするんだ？」

ご指摘は「停止条件つき」でごもっともだと言ってやりたい。

そもそもこの世に〝100%安全な融資〟などというものは存在しない。

でも、そんなことを割り切ったうえで、そ・の・う・え・で、「世の中の資金需給の間を取り持つ役割」を果たすのが銀行なのではないか？――こう自問自答する私の思いが、素直に顔に出てしまったようだ。

上司もいっそう表情をこわばらせる。

上司の上司も個室にいるので、彼はいかにして部下（私）を論破し、言うことを聞かせるかというところを見せねばならず、議論が延々と続いた。

幸いなことに後輩を個室に入れずに済んだ。

やつが温めた案件だ。

成果はやつが堂々と取ればいい。

顧客やマーケットに向き合わないで上ばかり見ている上司たちのこのくだらない議論に、若い後輩を汚染させることは私にはできないと思った。

囲まれて責められるのはつらいが、私の意見のほうが正論である以上、同じ会社のために働いている人間同士、時間をかければわかってもらえると思った。

ところが、私が想像していた以上に「名門店のメンツ」というものは重かった。

ドアに閉ざされたその個室には「顧客至上主義」「マーケット至上主義」などなく、「上

司ご都合至上主義」だけがあった。

ノーリスクという私の理屈は、どんなものにもリスクがあるという上司の「煽り系の議論」に引きずり込まれ、上司たちは本気でこの融資を謝絶扱いにしようとした。

私は抵抗した。が、それも限界があった。

リスクはないという説はリスクがあるという説に古今東西、勝てたためしはない。私たちがやっているのは、やってはいけない議論なのだ。

時間の経過とともに、さすがに私ももうダメだと思った。

——心の中でお客さまに詫びた。

……Y社長は今後二度と三井銀行員にY社の敷居をまたがせないだろう。

——そして、後輩にも詫びた。

……あいつは先輩のおれを引っ張り出してでも、なんとか成果を上げて会社に貢献したかったのだ。悪かった。力、及ばずだよ。結果が出せなければ、先輩なんか意味がない。

そのとき、個室の扉が開き、支店長がおもむろに入ってきた。

やや前屈みで、彼のトレードマークとも言える、50本もタバコが入ったピース缶を片手に抱えている。

支店長は私の目の前に座るが、目を合わせない。

まずはピースに火をつける。

私の上司の説明をしばらく聞いている。さあ、いつ火山が噴火するかとすべての管理職は戦々恐々としている。

ところが意外にも静かに「うん、うん」とうなずいているだけだ。

そして、さっと手形の銘柄を見て、また次のタバコに火をつけた。

そして副支店長のほうを向いた。

「今回のところはさあ、この彼の熱意に免じて、割ったら（割引したら）どうなんだい？」

ひとことだった。

支店長は私の稟議書も見ずにその場で決裁してしまった。

そう、本来、そのくらいに簡単な案件なのだ。

気を張り詰めていた私は、「彼の熱意」と言われたことで緊張の糸が切れてしまった。闇に向かっていきなり遠く放り出された感じ。言葉を紡《つむ》ごうとしたが、それは無理だった。

あろうことか、私は声を上げて大勢の管理職を前に、泣き出してしまった……。

今、こうやって当時のことを思い出しながら筆をとっていても、思わず胸がつまるつらい体験だ。

その支店は支店競争でトップに立ち、表彰を受けたが、私はあの、まわりが見えなくなった瞬間を忘れることができなかった。

できることならあのときの個室に今の私が入っていって、当時の私に手を差し伸べてやりたいと本気で夢想する。理不尽な上司どもを完膚なきまでに論破してやるから束にして送ってこい、と。

理不尽な上司はどこの世界にも珍しい存在ではないし、そもそも各人の意見が違うことは組織にとっての強みだとも思う。

しかし、顧客の声、マーケットの声を無視して、目の前の上司の見栄やメンツやご都合主義のためにドアを閉ざしてしまう行為にはどうしても納得がいかなかった。

そして、「そういう行為に対して決して黙っていてはいけない」と、これまでの三井の先輩、上司に叩き込まれてきた私だったのだ。

好景気のときならば、そういう無駄を吸収するだけの余裕も会社にあるかもしれない。しかし、**不況のときにそういうふざけたことをしていると、本当に会社がすっ飛ぶ。**

三井銀行から見ればやや目上のライバルであった名門、長期信用銀行や日本債権銀行などがあっという間に倒産したのは商売が下手だったのでは決してなく、〝天の声〟を無視してふざけた不正に手を染めていたからではなかったか？

ビジネスマンとして成長したいと思っている人間にとって、顧客に背を向けて走ることは、そのひと走りひと走りが背中の皮を削られるような痛みを伴うものだ。

もし読者が自分の職場でそういう思いをしているならば、今の私があのときの私にそうしたいように、あなたに手を差し伸べることはできないだろうか？

そういう思いで、この先を書いていくことにする——。

私があなたの役に立てそうだったら、続きを読んでほしい。

コーヒーブレーク

なぜ仕事を自分で抱え込んではいけないのか？

仕事はついつい抱え込んでしまう。

どんな仕事もクオリティというものがある。そして、クオリティにこだわるほど、他人には任せられないというのはビジネスマンの常だ。

上司がわからず屋ならなおのことだ。

部下や後輩にも任せられない。任せたところで、それをこちらがちょっとでもフォローをするのを怠ると、それを部下（後輩）に忘れられてしまい、結局顧客に迷惑をかけたり、他部署から叱られてしまったりするのはあなた自身だ。

だから、ますます任せられない。

あるいは、普通の組織のように上司に意見具申をしたり稟議を上げたりしてやったところで、「判断のできない人」が握り込むと、それは迷宮、ラビリンスから二度と出てこないことになる。

あなたの上司の机にも、「未決ＢＯＸ」に入ったままの書類が、埃《ほこり》をかぶって積み上げられていないか？

だからあなたが仕事を抱え込んでしまう理由はよくわかる。

人間、最後に信じられるのは自分自身だ。それは否定しない。

自分の能力が万能でないことをわかっていても、他人に任せて自分がやけどを負わされるくらいなら（多くの読者は、手ひどい痛手を負った経験があってそれがトラウマになっているのではないか）、自分でやろうという心情はよくわかる。

自分でやれば、自分のコントロール下にある限りは、少なくとも「サプライズ」はない。

このように、じつはあなたが部下や後輩に任せられずに抱え込んだり、上司をあてにできないので抱え込んだりというのは、必ずしも、その相手となる人の能力の問題であるとは限らない。

多くの場合、案件が自分のコントロールからいったん離れることがあなた自身を不安にさせているところから来ている。

そんなあなたに私が言いたいのはこういうことだ。

どうせ、ビジネスの世界に１００％満足できる業務コミュニケーションなどありはしないので、そのコミュニケーションを管理したりスムーズにいくよう苦心したりする（つまりインセンティブを与えたり、コミュニケーションの失敗に罰則を設けたりなどする）ことで、あなたはもう少し部下や後輩に仕事を任せられるかもしれない。

または上司にも仕事をさせられるかもしれない。

そのためのテクニックは本書で詳しく紹介してある。

そして……そのように頭を切り替えるだけで、あなたは自分で全部抱え込まなくて済むようになるかもしれない！

第1章

上司を動かすための事前の仕込み

仕込みなく上司を動かすことはできない。
今すぐにでも立ち上がりたい気持ちはわかるが、素手で向かってどうする。
「あきれた組織」を動かすために、あなたには尋常でない仕込みが必要で、
その用意周到さは〝ルパン三世〟のそれが求められる。
撒き餌をして、人の記憶に〝釘〟を打ち込み、誰かの心象風景に立って見せる……。
消えて見せろとまでは言わない。
だが、神出鬼没、踵をすり減らしてその次を仕込め！

上司を動かすテクニック

1

上司を動かすには撒《ま》き餌《え》がいる

上司を動かしたいあなたに必要なのは、まず、「**聞くこと**」である。

いや、「**聞いて差し上げること**」だと言い直そう。

意外かもしれないが、これが大事なのである。

何も上司を働かせるからといって、あなたがファイティングポーズを取ることはない。

むしろ、そんな、意図が見え見えになってしまうような愚かな行為は慎むべきである。

そこで、「聞いて差し上げる」である。

ここで大事なのは、上司自身が〝欲しい〟と思っていることが何なのかを、明確に聞き出すことだ。

ところが、この世の中には「職場酒」（アフターファイブの居酒屋）を通じて、上司の欲しいものを「なんとなく察している」人がたくさんいる一方で、明確に聞き出して、しっかり把握している人は驚くほど少ない。

もちろん「聞き上手」を演じて、上司のあなたに対する印象をよくするなどという術は本書では無視する。

私が言いたいのは、上司を正しく動かすためにも、上司の欲しがる〝撒き餌〟の銘柄を知るべきだ、ということだ。

具体的なアクションを提案する本書では、これができないと話が先に進まない。

それは「業績」であることもあるし、「出世」やら「評価」など非常にわかりやすいこともある。

そして、上司にとっての餌が何であるかがわかったら、上司を働かせるために、「その上司の動き次第では組織がうまく回り、上司の欲しい餌が手に入る」ということを明確に

あなたが教えてやることが肝要だ。

それがうまくできたら、上司はすぐにでもあなたに尻尾を振るだろう。

アメリカの学術世界では、自分の博士論文の審査委員を誰か大学内の教授にお願いしなければならないのだが、「引き受けることを検討していただくため」に、自分の研究成果を、その教授との共同研究の成果という形にして発表すること、つまり、教授に研究成果という餌を献上することはよくある。

アメリカでも名前の記載される順番は日本同様、とても重要なことなのだが、そんなときに最初に名前が出るのは「何もしていない」教授のほうだ。「教授」だから職業倫理も高いはずだなどとは誰も思っていない。

崇高なる学問の府だってそうなのだから、会社勤めのあなたも一度、そのくらい思い切って、あからさまに成果を無償で上司に差し上げればいい。

特にこの不況下、撒き餌作戦は効果が大きいはずだ。

何も現金を菓子箱に入れて、上司のお宅に届けろと言っているのではない。

ただ、あなたの提案する通りにさせてもらえれば、成果が上がり、結果として上司の評判も上がるのだと、できるだけ具体的に説得すればいいのだ。

どんな人間でも、短視的になってしまうことはあり、それはあなたの上司も例外ではない。

そんなとき、その視野を広げてやり、具体的に欲しいものを目の前にちらつかせ、それが手に入るところをうまくイメージさせてあげられればいい。

餌を聞き出す方法は、正面から堂々と切り出すラリー・キングの質問力（拙著『部下は育てるな！ 取り替えろ!!』ご参照）を駆使したり、後述する刑事コロンボ作戦を使ったりと、いくらでもある。

➡大事なことは、あなたが本当にその上司の欲しいと思っている事柄（餌）に、自分も興味を持っているという姿勢を見せておくことだ。

つまり、「おっ、こいつは（おれの欲しいものが）わかっているじゃないか」と思わせることだ。

その瞬間、上司の〝隙〟が、一瞬だけ顔を覗かせる。

嘘を教えてもらっても意味がないし、上司に格好つけられて、本来欲しいものとは別の、優等生的な回答を聞いても意味がない。

だから、まず大事なのは、心から「聞いて差し上げる」という態度なのである。

あなたがあなたの作戦を実行するがために聞くふりをしていると感づかれると逆効果だし、そもそも、本気で聞いているかどうかは相手にすぐ伝わってしまうものだ。

►ここでのPoint

►あたりまえのことだが、どんなぼんくら上司でも、あなたより権限は上。つまり、あなたは最初から大きなハンディを負っていることになる。

►したがって、動かすためには、上司の好きな“餌”を探っておくことは必須である。素手で闘うような真似は絶対にするな!

上司を動かすテクニック

2

ゴーン氏が語りたがらない秘技「Buy-in」を身につけよ！

かつて日産を救ったカルロス・ゴーン社長（兼ＣＥＯ）は、「会社の脅威はライバル会社でなく、自社自身なのだ」と自著で言い切っている。

いわゆる〝ゴーン改革〟は、ゴーン社長の判断力やリーダーシップ、スピード感……いろいろな要素がそれに貢献をしたのだと取りざたされているが、私は〝私見〟と断ったうえで、「見逃されているものがある」と言いたい。

➡それは、あのカルロス・ゴーンといえども、やりたい仕事を思う存分やる

ために〝上司のBuy-in〟を得ていたに違いない、そのための相当な工夫と努力がされていたに違いない、ということだ。

「Buy-in」（バイ・インと読む）とは英和辞書にはないビジネス・スラングだが、「賛同」ということだ。

しかし単なる「賛同」ではなく、根回しなどを通して「足と頭を使って勝ち取った賛同」というニュアンスがあるので、このほうが私の意識にぴったりする。

「追い込んで勝ち取った賛同」である場合もBuy-inだろう。

ゴーン氏のさまざまな改革は、大きな結果を出しただけあって、尊敬の念を持って振り返るしかない。だが、ゴーン流のマネジメントが日産を変えたという評価があるとすれば、それは本質の一部しかとらえていないと思っている。

私はむしろ、ゴーン氏にとっての「脅威」について考えたい。

それはまさに彼が「ライバルより自社が脅威」と言ったように、ゴーン氏の身内だったと思うのだ。

身内――それは乗り込んでいった日産ではなく、親会社のルノーのことだ。

ゴーン氏の改革は（クロスファンクショナル〈組織横断〉がよかったとか、リバイバルプランがよかったとか、それはそうだったかもしれないが）、個人的には改革手法の問題ではなかったと思う。

ゴーン氏にとっては、脅威は親会社であった。だから、自分の上司を常に説得し動かすことが重要で、自分のやりたいようにやらせてもらうための裁量を勝ち取ることが、なによりも大切であったはずだ。

ゴーン氏の著書『ルネッサンス』（ダイヤモンド社、2001）によれば、日産が「破産かルノーの傘下に入るか」の選択肢しかない状態のとき、ルノーのシュヴァイツァー会長（当時）は、「ゴーンが日産に行くのなら日産と契約するし、ゴーンが行きたくないと言うのなら契約をしない」と明言したと書いてある。

ゴーン氏はもともとのルノー・マンではない。

ミシュランで18年間、グローバル・マネジメントを鍛えられたとはいえ、彼は外様でレバノン出身（生まれはブラジル）であり、フランス人集団のルノーとの軋轢がなかったとは思えない。

また、彼の職場はフランスではなく、ブラジルだったりアメリカだったりしたわけだから、フランス本社の一般幹部と「自然とわかり合えた」はずもない。

しかも、ルノーに引き抜かれてから、日産との提携で日本に行くことを決めたとき、ゴーン氏はまだ入社2年しかたっていない。

シュヴァイツァー会長とは、ヘッドハンターを通して1時間と15分話しただけで採用が決まったというエピソードがあるくらいだから、互いに認め合った仲だ。

だが、それほど意気投合したのだから、「あとの裁量付与は簡単だったろう」などと解釈してはいけない。

つまり、自著やインタビューでは語られていないところで、ゴーン氏は相

当なBuy-inを会長から引き出しているに違いない！　と私は見ている。その汗と涙と努力と覇気が、「美しい自伝」からは意図的に外されているはずだ。

「動かない上司に悩む部下の参考書」という本書の立場から言うと、ゴーン氏とシュヴァイツァー会長の距離的、文化的、バックグラウンド的な隔たりのほどを考えるならば、あなたとあなたの上司の「わかり合えなさ」は、環境的にはそれほど厳しいものではないかもしれない。

もちろんゴーン氏とシュヴァイツァー会長の場合、「2人ともビジョナリー経営者だったから、話がつくのもビジョナリーで早かった」という点を考慮する必要は理解している。

しかし、経験から言えば、ビジョナリー同士だから話が早く進むとは限らない。

むしろ、ビジョナリーな人ほど短気であることが多いというのが私の持論だ。

なので、このBuy-inを獲得する際は、本当に心してとりかからなければならない。

タイミングや情報の正確性・鮮度などを少しでも欠くと、信頼を失うのもとても早いことに注意しておく必要がある。

あなたも私も、ゴーン氏くらいに存分にやらせてもらうと、ビジネスマン冥利に尽きると思うだろう。

しかしそれには、彼が具体的にBuy-inを得ていくプロセスの大切さを考えないわけにはいかない。

その汗と涙と努力と覇気にまで思いをめぐらさなければ、ゴーン氏の日産改革も、あなたの中では単なる輝かしいサクセスストーリーで終わってしまい、得るところはないのだ。

ちなみに、シュヴァイツァー会長にしたってゴーン氏に動かされて、周囲のBuy-inを取って回ったに違いないのだと私は思っている。

▶ここでのPoint

▶カルロス・ゴーン氏の本や記事をいくら読んでも、彼の華麗さばかりに目を奪われていては単なるミーハーで終わってしまい、得るものは何もない。

▶それよりも、彼の、目に見えない陰の努力（＝Buy-inの獲得）に目をこらせ！

上司を動かすテクニック

3

動かすために打っておく〝釘〟とはなんだ？

ダメな上司をダメと評価するのはあなたの勝手だ。

問題はそこからだ。

組織を動かすために、「ダメな上司だから」を理由に、上司を無視した形で進めようとしたり、さらには上司を取り替えるべく、組織に対して厳しい告発書のようなものを出したりということがあるかもしれない。

しかし、実際のところはどうであろう。

現実には、本当に自分の首を賭しての告発などは数としては少なく、「強い告発トーン

が ページを繰るごとに尻すぼみになる告発」……というあたりが、われわれの生きるビジネス社会の現実かもしれない。

それはそうだ。

上司はあなたを選べるが、あなたは上司を選べない。

であれば、「やりたい仕事をやりぬきたい」という意志と欲求があるあなたには、やはり上司をうまく動かし、あなたにBuy-inを渡させるという選択しかない。

➡**「あの上司はダメ」と言ってもダメなら、上司を働かせるために「褒める」という選択肢しか残らなくなる。**

もちろんむやみに褒めても効果はない。上司を動かすための準備としては、「褒め方の作戦」を十分に立て、状況に応じていつでも「褒め」を発動できるように、キーフレーズを頭に叩き込んでおくことだ。

たとえば私は褒めるときに、直接褒めるだけでなく、もっと効果的なやり方を実践した。三井銀行でお客さま回りの営業をしていたとき、徹底的にお客さまに自分の上司の長所について語ったのだ。

「私の上司は決断がものすごく速い人で、〝三井銀行一〟速いと言う先輩もいます」

「私の上司は本部に掛け合えば、ほかの支店の上司が承認を取ってこられない案件でも〝2回に1回〟は承認をぶんどってくる男なんです」

「そもそも本気にさせたら、〝彼を論破できる人なんて本部にいません〟。権威で引っ込めさせるという子供みたいな手段しか、本部には残されていません」

たとえばこのように言っておく。

ここにはポイントがある。

「三井銀行一」とか、「2回に1回」「論破できる人などいない」というキーフレーズだ。

褒める場合は、具体的に言わねば意味がない。

情緒的に「とにかくすごい」というのでは効果がないのは、誰でもわかるだろう。

しかしそれ以上に、相手の記憶に残る、話の〝釘〟とでも言うべきものが必要なのだ。

ここでは、上のキーフレーズ(「三井銀行二」「2回に1回」……)が〝釘〟になり、相手はこの話を印象深く聞き、かなり長い時間記憶することになる。

すると、のちに上司とこのお客さまが接点を持ったとき、必ず私の「褒め」が話題に上り、結果、私の守備範囲の仕事に対する上司の姿勢が一歩前に出る。

つまり、私の仕事がやりやすくなる。

さらに、私が担当する顧客に対する上司の心証がよくなる。

そうすると、こういう顧客にはむやみに「上司ご都合主義」を発動して迷惑をかけてはいけないという、自戒の念を持つことになる。

一石二鳥にも三鳥にもなるというわけだ。

たとえば序章に書いたY社の件の私の涙は、初めからこういう戦法を使っておけば、具体的にずっと楽に仕事が回り、私が抱え込む必要も管理職を相手に論戦を挑む必要もなかった。

あのとき、あらかじめY社に対して融資課長の「褒め」を実行しておいて〝融資課長は信頼できる男〟という印象を醸成させておいて、Y社が預金カウンターか何かに来たときに、「ちょっとコーヒーでも」と応接室に入れ、融資課長に「日誌で報告しているY社の経理部長がいらしてますから、ご挨拶だけでも」と言えばそこで接点が作れた。

そして、後日、例の割引手形を差し出されたときに、時代が今なら――、

さらに、

①再度、顧客に対して融資課長を褒めておく。

「わかりました。お約束はできませんが、うちの課長は〝三井銀行一〟ですから、必ず正しい判断をし、速やかに決断し、結果をすぐにお知らせできます」と言う。

②上司に責任ある判断をさせるための伏線を、このように張っておく。

「私にいただいたお話（苦言）は、会社全体として真摯に耳を傾けるべきことだと思いま

す。重複してたいへん恐れ入りますが、うちの課長にエッセンスだけも直接聞かせたいと存じます。『こういう話を長野慶太にしたので、あとは課長の判断にお任せします』というメールを打っていただけますでしょうか？　詳細は私のほうで話しておきます」と依頼する。

すると、手形を預かってきて、稟議を書くという本来の仕事は私がやるわけだが、**「上司ご都合主義」が支店の中で発生しないように、融資課長が根回しに動くはずだ。**

なぜといって、そもそもこれは新規顧客獲得競争に苦しむ支店にとってまたとないありがたい話であり、極めてリスクの低い案件である。

そして私が打った「褒め」の釘が効いて、この案件を取り上げることで、さらに私が課長のことを顧客に褒めて回り、それがいつか支店長の耳にも入るだろという甘い計算が、課長の頭をよぎるからだ。

逆にぐずぐずしていると、「苦言」が倍になることを想起させるという意味で、緊張感も高い。

上司をうまく使おうと思うのなら、少しの工夫と仕掛けでこれだけの「違い」を生むことができると知ってほしい。

大の男が屈辱にまみれて号泣させられるのも一案件。伏線を張っておいて、いざとなったら上司を追い込み、動いてもらい、会社にとって正しいことをさっさと実現させるのも同じ一案件。

具体的な褒め方、愚痴り方について興味があれば、「ネタの鮮度の確保」や「中身の具体性」「アソシエイト術」「舐められないための観察力」などいろいろあるので、私の〝焚書シリーズ〞の他の2冊を参考にしていただきたい。

►ここでのPoint

►“褒める”という撒き餌がある。それは本人に直接言うより、顧客の口から言わせるとさらに効果的だ。

►そのためには、日頃から顧客の記憶に残る“釘”をいくつか打っておくといい。具体的には、顧客の心に残るキーフレーズだ。週刊誌の見出しやCMのキャッチコピーなど、キーフレーズのヒントは街に溢れている。

上司を動かすテクニック

4

上司の心象風景を探る旅に出よ

ところで、あなたの上司が「積極的に仕事を進めようとしない」「自分で抱えたがらない」「会社にとって正しいかどうかより、前例があるかないかが判断基準である」「現状維持に固執する」——といった行動に走るのには、いろいろな理由がある。

個人個人で違うだろうが、じつはあなたや私が想像する以上の理由を上司は持っているかもしれない。そこを一度は考えてみてほしい。

こんなところで戦争論を持ち出すつもりはないが、人が右翼になったり左翼になったりするのには、さまざまな理由がある。

学生時代に読んだ書物や友達の影響だけで簡単に右翼にも左翼にもなる人たちがいる一方、自らの戦争経験や疎開の経験、目撃した惨事や友人・親族の生きざまや死にざまなど、他人とは共有できない、まさに〝**潜在的な心象風景**〟をきっかけに思想を固めていく人たちも多い。

➡だから、潜在的な心象風景を抱えているダメ上司は、ロジックで説得されても、その間違った主義を変えることはない。

ロジックで前例至上主義や自分で抱えないという選択をした上司なら、ロジックで誤りを指摘することによって、それをやめさせることはできるかもしれない。

しかし、どんなにあなたが正しいロジックで攻めても、それでもなお変わらない場合は、やはり上司のビジネスマン人生の記憶の中に、その結論に至らせたさまざまな心象風景があると疑い、そこに注意を払ったほうがいい。

心象風景を塗り替えるほどの心象風景を、あなたが与えることはなかなか難しい。
だから上司は変わらないし、会社は変わらない。

私の銀行時代、中規模の支店で若手のホープとしてがんばっていたMという先輩がいた。とても前向きな人で、あまり細かいことは気にせず、とにかく仕事を進めていくタイプの人だった。

支店対抗の野球大会ではキャッチャーとして、大きな声を朗らかに出してまわりに指示を出していたし、事務の女性社員からも「Mさん、Mさん」となにかと頼りにされていた。

M氏は出世して本部に転勤していったが、偶然8年ぶりに別の支店で一緒になったとき、まるで別人になっていたことに驚いた。

冗談の1つも言わなくなり、ユーモア精神があと形もなく消えていた。支店の旅行などで世話役のリーダーに担がれても、かつての陽気な笑顔はまったく現れない。かといって、別にノイローゼとかそういうわけではない。

ひとことで言えば、性善説の人が性悪説になって帰ってきたのだ。

私は直接その人に部下として仕えた時期があり、サシで酒も飲んだので、見当がついた。

本部で相当痛い目にあったのだ。

銀行のエリートの職場では、不用意な笑顔を見せたり、余裕のあるところを見せたりすると、ただちに「仕事をしていない人間」と見なされ、強烈なハラスメントに見舞われる例は少なくない。そういうことで辞めた先輩も同期も後輩もたくさんいる。

私には、彼が本部というところで刷り込まれた、焦土と化した心象風景が見えた気がした。

➡この私の上司のように、いったん強烈な心象風景を持ってしまうと、本当に人はそこから変わることはできない。

であれば、相手を動かすためには、その事前準備として、あなたが「その心象風景に大きな理解を示している」という態度が必要になる。

それが、上司があなたの話を聞くための絶対条件になっているからだ。

たとえば本部でいじめられたM氏のような上司に、「Mさんは本部帰りのエリートですから……」という褒め方は気をつけないと逆効果になるし、「本部＝エリート」としか考えない浅知恵だと思われると、そこから先の話は聞いてもらえない。

むしろ「本部も閉鎖的ですから、Mさんの苦労も並々ならぬものがあったんじゃないんですか……」と、話をふってくる人間に耳を傾けるのだ。

次章以降、具体的に上司を動かす戦術を披露していくが、こうした事前準備がないと、あなたの準備は空を切ってしまう。

そこを確認しておかないと本書の価値は激減する。

上司マネジメントの類書（類書と呼ぶとすれば）が引き起こす誤りの一部がここにある。

⇓ロジカルシンキングやクリティカルシンキングの重要性については大賛成だ。しかし、他人の心象風景を無視した弾丸を飛ばしても、それは、ターゲットに当たらない。

そして、他人の心象風景の誤りを正そうとするのはもっと愚かなことだ。

一度、上司の心象風景にあなた自身が立ち、理解を示し、そこから上司を操縦するという思考順序が絶対に必要なのである。

さあ、それでは次章以降、具体的になお動かざるものを動かしてみようではないか。

► ここでの Point

► トラウマを抱えている人との対話は工夫がいる。上司が言う“NO”が、上司の強烈な心象風景に拠ったものだとしたら、あなたはロジックをいったん捨てて、誰よりもその心象風景の理解者としての態度を示したほうがいい。

► 心を開かせないと、ロジックの言葉はまったく届かない。

コーヒーブレーク

アメリカの〝ボスマネ〟と長野流〝上司操縦〟の違い

アメリカにも部下が上司をうまく誘導する〝ボス・マネジメント〟は存在する。人間が人間をマネージ（管理）するという点においては、アメリカも日本と同じような問題に悩んでいる。

ただ、アメリカは社会全体として職場ハラスメントの失敗をいっぱい経験してお灸をすえられてきたので、日本の職場にときどき見られるような「無茶なおこりんぼう、世にはばかる」はずっと少ない。

弱者には、金になるならバカを承知でどんな相手でも訴える弁護士が（完全成功報酬で）味方につくので、アメリカの管理職は1つひとつ言葉を選んで部下を注意している。

しかし、解雇が日常的に行われているということからわかるように、じつは上司の人事権は日本とは比べものにならないほどに強い。「解雇権」という武器をむき出しで腰にさしているようなものだ。

だから、怒鳴って机を叩いておしまいの日本の上司と比べると、アメリカ人のボスの怒りは「実弾入り」だと言える。

であるからして、アメリカのボス・マネジメントはかなりおっかなびっくりなところがある。たとえば上司の間違いを指摘するのに「ミステイク」だとの言葉をいっさい入れず、「ボス、こういう考えもありますよね」などと及び腰だ。

上司は訴訟を恐れて言葉を選び、部下は解雇を恐れて言葉を選ぶ。

そこは訴訟回避主義と解雇回避主義に溢れ、日本とは違った性質のストレスが職場に蔓延している。

したがって、アメリカン・ボス・マネジメントとは乱暴に言ってしまえば、ボキャブラリー（語彙）を工夫して感情の衝突を避けることに主眼を置くばかりだ。

それに比べて、自慢ではないが、長野流の上司操縦は「実利（企業成果と自分のスキルアップ）」からの逆算であり、そこに徹底しているという点で大きく違う。

仕事というものはどこまでいっても人間関係なので、言葉選びはもちろん極めて大事だが、それからのアクションが続かなければ私の読者は私を見限る。

私の読者は、「自分がいかにスキルアップできるか」をいつも考えている人たちなので、極論すればマネージする対象の上司がどうなろうと、どうでもいい人たちだ。

もっと言えば、上司が持つ心象風景さえどうでもいい。

しかし、スキルアップするにはやりたい仕事をやらせてもらわなければならないし、やるからにはそこにぜひ具体的な成果を上げたいと思う。

実利に貢献できないのであれば、職場の腐敗菌が自分を侵食する。

その前に私の読者は自分で「辞表を出して次へ行け!!」なのだ。

第2章

タイプ別、上司の効果的な動かし方

「根性主義上司」「軟弱上司」「ぶれる上司」……
十人十色と言うが、上司のタイプはそれこそ職場の数だけある。
だから、タイプ分けそのものはたいして意味のある作業ではないが、
タイプ別の対処法を考えることは、難しくも楽しい知略ゲームだ。
「上司がアホやから」とサジを投げるのはまだ早い。
なぜといって、まだあなたは上司の前で泣いていない。
完璧な攻略法を立ててからにしてもらおう。

5 「根性主義上司」は「オープンクエスチョン」で追い込む

「気合いを入れればできる」

「3日くらい徹夜すればできる」

このようなコメントは、多くの読者が言われた経験があるのではないだろうか?

私にも根性主義の上司がいた。

運の悪いことに、この上司こそは誰よりも強靭な体力の持ち主だったから、根性競争をやるとどうしても部下が負けていく。

私も相当に体力に自信があるほうだが、あなたと同じように、気持ちが萎えているというハンディを最初から抱えていたこともあって、結果として負けた。負け続けた。

この手の上司の場合、仕事内容の指示変更は多少あっても、根性論を撤回することはありえない。だから、**その根性論は根性をもって死守されるという、じつに変な本末転倒状態が続く。**

結果として生み出される膨大な非効率な指示や課題に、当然私はアホな話だと反論したが、とにかく体力でかなわなかったのでいつも私が劣勢だった。

仕事の現場では、ときに正論を吐く人間よりも、本当に徹夜をやってきた人間が勝つことはよくある。普段は「ビジネスは結果がすべて」と言いながら、実際は「がんばることに意義がある」などという、高校球児の意識が職場を支配することは意外に多い。

じつは男同士では、「最後は力比べになったらどうなるか、という殺気が人間関係を規定する」というのが私の持論だ。

だから、私のどんな正論もロジックも、本当に徹夜を続けてくる上司の前では唇寒しなのだ。

しかし、そんなことではいけない。

根性論で仕事の質が本当に決まるのなら、今後、エグゼクティブ・サーチ（ヘッドハンティング）は、体育会出身者に限定したほうがいい。


ニューヨークにある生産管理のコンサルティング会社のトム・デマルコは、効率化を顧客に提唱し、顧客の利益につながる仕事をしている人だ。

その彼が、効率化という名のもとに横行する誤解を1つひとつ打ち破ることにも精を出していて、これがなかなか面白い。

たとえば彼は、『ゆとりの法則（原題：Slack）』（日経BP社、2001）という本を書いているが、その中で、管理者がプレッシャーをかけることの無意味さを説いている。

彼は長年の経験から、根性論によるプレッシャーが仕事の効率にどう影響するかを図式化した。それが下の図だ。

これを見ればわかるように、プレッシャーを与えると、初めのうちは仕事の完成時間が短縮化する（ここで言うプレッシャーについて補足しておくと、デマルコは奴隷船の例を用い、逃げ場のない押しつけ型の「体育会・上司神格化スタイル」のプレッシャーを指している）。

これをデマルコは「第Ⅰ期」としている。ところが、「第Ⅱ期」に入ると、その効率化は後退していき、もともとの効率レベルに戻っていく。さらに、この体育会的プレッシャーが続くと、「第Ⅲ期」に入り、むしろ非効率になっていくと指摘している。

グローバルな生産管理の第一人者であった、

根性論によるプレッシャーが仕事の効率にどう影響するか

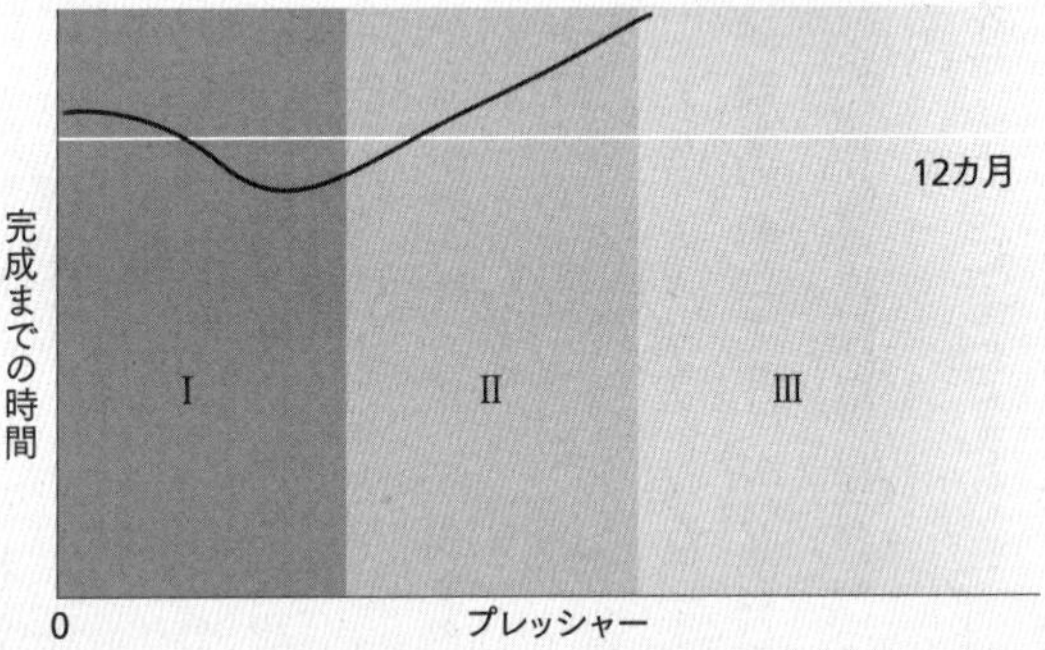

出典：Demarco, T.（2001）／Slack getting past burnout, busywork, and the myth of total efficiency（1st ed.）『ゆとりの法則』Tokyo：日経BP社

デマルコという人の長年の経験値からくるこの指摘は、かなり当たっていると私は思う。

デマルコがこの結論に至る、拠りどころになった理屈は、「**人間はいくらプレッシャーをかけられても、考える時間だけは短くできない**」というものだ。

アッハッハ、なるほどそのとおりだ。

デマルコはブルーカラーとホワイトカラーを分けて考え、一定の肉体作業であれば体育会的プレッシャーがもたらす効率化に期待することはできるが、知的作業は、いや、そもそも頭の回転は、プレッシャーによって早くなるわけではなく、プレッシャーによって無理をさせられる疲弊からむしろ作業時間が長くなると指摘している。

つまりプレッシャーによる効率化とは、じつは「無駄を省く」とか「プライオリティを図る」などという、あなたの上司がお題目のように唱える理屈ではなく、単に残業をするなどして作業時間を増やすことによって、仕事の完成時間を短縮化させている部分が大きいということだ。

このような根性論上司には、（肉体の限界まで仕事をするときにもたらされる、）一種の倒錯した限界を経験する心象風景が、いわば麻薬のように高い興奮をもたらしている。

それが忘れられない味わいという記憶なのであろうから、快感に向かっている人に感情論をやめろと言ったところで、それは聞いてもらえない。

そうではなく、実際にこの徹夜をすることによるさまざまな非効率やリスクを目に見えるようにしてやり、なんであればデマルコのこの表などを見せることをお勧めする。

基本的に根性上司とは残業強制上司と言い換えて差し支えなく、だから、この残業時間の推計を加えてやるともっと効果的だ。

もし残業時間の推計が役に立たない場合、あなたの職場は社員にサービス残業を強要する文化があると言ってほぼ間違いない。その場合は、サービス残業分を請求する労働訴訟なり、あるいは労働基準局の査察などのリスクを示してやれば、上司の肝が冷えることだろう。

ただし、正面からぶつかると再び根性論に戻ってしまう。あくまでチラリズムでやろう。

もう1つ、相手の根性論を逆手に取ってしまうというやり方もあるので説明したい。

根性論上司は「いくつになってもおれって体育会！」なので、こちらが根性さえ見せると、そこから先は腹が黒かったり、腹にいろんなものを隠したりするということが少ない。

腹の中はかなり単純構造なので、企業政治の寝業師には絶対になれない人ばかりだ。

こんな人は質問力で攻めると、自分が決裁するポイントをどんどん吐露してしまう。

あなた　「部長に叱られてAも調べましたし、Bも聞き込んできました」
根性上司「うむ」
あなた　「じゃあ、進めさせてくださるんですね」
根性上司「誰がいいって言った。こんなに複雑な案件を進めるにはだなあ、おまえに気合いがあれば、Cを――」
あなた　「はい、Cも業務部に根回ししてきましたし、Dも法務部と条件を詰めてきました」
根性上司「……」
あなた　「部長に鍛えられたおかげです。で……率直に伺っていいですか？」
根性上司「なんだ？」
あなた　「あと、何を詰めてくれれば、やらせてもらえますか？」

根性上司　「ふん。まあ、本気でやりたいんだったら、あとはだなあ――」

こんなふうに、「**オープンクエスチョン**」で攻めるのだ！

この手の上司は筋肉より理屈にプライオリティがついたことがない。だから、Eはどうかとか F はなんだとか、個別にやっていては、あとからあとから条件が出てきてきりがない。

そこでこんな質問力を駆使して、上司の中で一時的にも理屈にプライオリティが与えられると、浅い腹の中が全部出てくる。

そこをとらえ、「その腹の中のものを全部やってやるから、その暁には承認せよ」という根性の条件闘争が初めて可能になる。

どうしたらやらせてもらえますか？

そこに持ってこられれば、あなたの仕事は終わったも同然だ。根性上司は根性を求める行為がハラスメントになっては自分に傷がつくことを知っているので、根性の条件闘争をやりとりしたらそこからは前言を覆せないのをよく知っている。
だから、ほかの上司のタイプと比べても約束を守る気質がある。
自らの根性論で自らが追い込まれてしまうのだ。

► ここでの Point

► 「根性上司」は脳みそが筋肉なので、理詰めで攻めても通じない。それよりも、「オープンクエスチョン」で質問をたたみかけるのがいい。そして、上司の腹の中にあるものを全部出させて、“根性流”で汗くさく握ってしまえばいい。

► 根性上司とは「硬派こそ理想の生きざまと思い込んでいるおめでたい人種」なので、上司の「硬派性」を煽れば約束の反故はしない。仕事が楽になる。

上司を動かすテクニック

6

「軟弱上司」には「客の目」「祝賀会」「報告頻度」でのしかかれ

根性論上司とは反対に、肉体も精神も軟弱すぎて、自分にも組織にも甘く、仕事を進めるうえで判断も遅ければ指示も遅いという人がいる。

こんなとき、多くの部下は上司のスローなところを見て、自分もスローでいいんだと勘違いしたり、意図的にスピードを落としたりする。誰しも、もしかしたら途中で頓挫するようなプロジェクトには労力をつぎ込みたくないと思うからである。

軟弱上司の怖いところは、仕事が著しく遅くなってまわりに迷惑をかけていくだけでなく、そのクレームがあなたに跳ね返ってくることだ。

別の部署に叱られるくらいならまだいい。

あなたにとって大事な顧客の信頼を失うなどの危機をもはらんでいるので、放っておけないのだ。


それだけ軟弱上司はやっかいだ。

こういう場合は、あなたはあなたを中心として「期限厳守のチーム」を発足させ、プロジェクトに取り組むのだ。

この例は、ボーイング社に学ぶことができる。

少し長くなるが、いい例なのでここで紹介しよう。

ボーイングは1990年代初め、ユナイテッド航空の要求にどう応えるか悩んでいた。

太平洋を横断するような747では大きすぎて、しかし最新の767より乗客数でも航続距離でも上回るような機種を要請されていたのだ。

既存の航空機では彼らの要求に対応できない。

767の改良だけではこの要求を満たすことはできないと判断したボーイングは、新しい777の開発に乗り出すことになる。

当時のユナイテッドは、まさにアメリカを代表するナショナル・フラッグ・キャリア（国を代表する航空会社）であったので、ボーイングの威信にかけて、なんとかこの注文を逃したくない。

競合のマクドネル・ダグラス社（当時）やエアバス社のユナイテッドへの提案は、すでに空を飛んでいるかテスト飛行を終えている機体だった。つまり実現性でずっと優位に立たれている。

だが幸運にも、ボーイングの777がデザイン性を高く買われて僅差でコンペに勝った。しかし、777はまだデザイン図が存在しているだけだ。

すぐに注文となったのはかえってボーイングを困らせた。

まだ試作機さえも完成していないのに、5年後に34機を買うという注文を出すユナイテッドもたいしたものだが、それを受けたボーイングのほうはたいへんだ。

改良型でお茶を濁した767の開発でさえ5年かかったのだから、**ゼロから設計する**

777を5年というのは経験値からすればひとこと「無茶」である……。

さて、紙幅が足りないので詳細は説明できないが、結論としてこの仕事は成功し、ボーイングは新型ジェット機777をユナイテッドに納期どおりに納めることができた。

どうやって？

ここでの成功の秘訣がいくつかあった。

まずそれは、**顧客を巻き込んで、共同開発の仕組みを作ってしまった**ことにあった。

どうせ仕事の満足度は、顧客満足度がすべてを規定する。であれば、顧客を最初から開発に巻き込んで意見を言わせ、顧客の好きなもの、こだわりをあらかじめどんどん反映してしまえという考え方だ。

これはじつに合理的に聞こえるが、当然それまで前例のないことだったし、実際問題として、開発の途中段階での外部の人間の巻き込みは簡単ではない。

私もありとあらゆる業種に飛び込み営業をした経験があるが、どうしても入り込めなかったのは開発をする職場（某自動車メーカーのデザイン下請け会社）だ。そのくらい、開発の企業秘密の管理はガードが堅い。

他人が開発に加わると、特許の所有についての議論を複雑にすることもある。また、プロでない人が現場に入り込む非効率というものも、なかったとは言わせない。

しかしポジティブな効果も大きかった。

技術者がついつい完璧主義になるところを、エンドユーザーが「そこまですることはない」と言うことで、ほどよくブレーキがかかる効果もあった。

その結果、進行状態の報告の頻度が上がった、という効果もあった。

進行状態の報告の頻度を上げると、これもやはり納期に対する意識を高めることになる。

次に、**期限厳守のための内外のPR活動が生まれた。**

まだできてもいないものを、開発の段階を1つ踏むごとにPRをすることで、本当に「納期を守るんだ」という意志を、チームの中に浸透させたということがよかった。

特に面白いのは、**祝賀会を段階ごとにする**というものだ。

早いうちから達成の喜びというものを習慣化させるということは、じつにユニークな工夫だ(この事例は『Deadline!: How Premier Organizations Win the Race Against Time』Dan

Carrison 著を参考にした)。

ここからわれわれが学べることがいろいろある。

あなたの軟弱上司がのんべんだらりとしているのは、のらりくらりすることを誰からも注意されないという、マンネリ化した環境に原因がある。

そんな人でも、さすがに顧客が仕事の中に入ってきて、「一緒にやりましょう」というメッセージをもらったりすると、スピード感を持たねばならないことを理解する。

そしてなによりも、顧客の目が職場に入り込むことが、のらりくらりの態度を変えるはずだ。

ボーイングのように、実際に職場にユナイテッド職員が長期に流入してくるのは異例なケースとしても、プロジェクトの期間中、定期・不定期に他社の人間が出入りするのは、まれなことではない。

ソフトウエア開発などでは、正社員と他社の社員と見分けがつかなくなるほどに融合、混在することもよくある。

さらには、期限厳守を前提に、段階的な祝賀会というのもあなたの会社で挑戦してみたら面白いだろう。

そこまでやれば、社内の他部署の耳目を引くことも間違いなく、ますますリーダーとして、その納期を守るよう努力しなければならないことを感じるはずである。

最後に、**「報告頻度を上げる」というのも、現場ですぐにできる取り組みとしてやりやすい。**

報告頻度を上げるとは、それだけ部署の納期に対する意識が高いことを確認し合うことだ。

「ためにする会議」になってはいけないが、しかしその報告を共有することで上司は動かざるを得なくなるはずである。

根性上司のときには、正論が根性論に負けるリスクを指摘したが、軟弱上司の場合は正論が負けることはあまりないだろう。

軟弱上司の場合にはむしろ、のれんに腕押しというか、相手がふにゃふにゃの豆腐のような存在なので、あなたが正論を力説するほど反応がくにゃくにゃで、あなたが疲れているはずだ。

そんなときは他人の目を入れて軟弱上司をしゃんとさせたところで、正論で再度腕押ししてみたい。

▶ここでの Point

▶「軟弱上司」は喧嘩さえ成立しないという点においてやりづらい。したがって仲間うちだけでは改善の望みが薄い。

▶軟弱上司とは職場マンネリの産物なので、顧客などの他人の目を現場に入れたり、「中間祝賀会」などで意識の鮮度を保ったり、あるいは報告頻度を上げて進捗の喜びを感じさせたりすることを検討しよう。

上司を動かすテクニック

7

「ぶれる上司」は取っておいた「言質」で誘導

決めたはずのことを、また蒸し返す。了解したはずのことを否決する——こんな「ぶれる上司」がいる。

ぶれるたびに苦しむのはあなただ。

このスピード経営時代、空前の不況の時代、朝令暮改はむしろ許容されるべきことだと私は思っている。

しかし暮改の仕方にもいろいろある。

「ぶれてばかり」ということでは困る。やるべき仕事まで前に進まなくなる。なんとかしなくてはならない。

➡こういう場合には、上司の「言質《げんち》」を取ってしまうのがいい。
そして、あなたが上司を追い込むのではなく、上司自身の言葉が上司を誘導するように仕向けるのだ。

断っておくが、いじわるや嫌味として言質を取るのでない。
そういう下心はすぐ上司にばれるから、かえって逆効果だ。

現オバマ政権の国防長官で、クリントン政権時には大統領の側近（大統領首席補佐官、日本で言えば官房長官）だったレオン・パネッタ氏は、クリントンの知性を高く評価しながらも、**決めたはずのことを「あれはどうだったただろうか？」と、クリントンがあとから考え続けることが、最大の問題だったと述懐している。**

そんなときはパネッタ氏が、「すでに大統領自身によって決断が下されている」ことを本人に進言することで、政策を前に進めたという。

だからあなたの場合も、「上司自身がそれを決断したことであることかどうか」や、「どういう経緯で決断されたか」を、(承認がおりたから、もうプロセスはどうでもいいというのでなく)メモを取っておくなどして記録に残し、いざというときにそれを丁寧に上司に進言すべきなのだ。

また、上司が「何を今判断すべきなのか」を忘れているケースも、じつは多い。

たしかに、立ち話のついでのように持ちかけられた案件を判断したことを、上司が忘れていたとしても、おかしくはない。

一定の洗練された組織であればそんなことはあまり起こらないが、権限規定があいまいな組織では、こういったことが問題になりやすいだろう。

ただ、権限規定はしょせんすべてを網羅することはできないのだ。

私の古巣の銀行のようなところになると、憲法たる「行規」というものがあり、法律たる「事務マニュアル」「与信マニュアル」というものがあり、さらに「通牒」「通達」……という形で、どんどん新しく立法化されたものが加わっていく。

しかしそれでも、ルールが現実に追いつかないのが普通なので、すべてを網羅することはできなかった。

だから銀行などでは、事務統括部や、融資統括部というところがあり、「まだルールができていない問題について本部としての判断を下す」役目の人を置く。

この人が言ったことは、指示を受けたほうも記録するので、当然、言質を取られていることになる。

銀行という堅い組織においても、「本部の誰々が言ったからこのようにやったのだ」という記録があると、それだけで事実上支店業務の「手違い」は「無罪放免」になる。

これはあんなに堅い組織にあって、じつにフレキシブルで面白い発想だと振り返ってみて思う。

だから、**ぶれる上司は、記録に残るやり方で言質を取っておくのが一番だ。そうしておいて、ぶれたときには上司自身の言葉によって「矯正される」のである。**

一般の会社の言質の取り方は、「いえ、上司にこう言われました」と、「口頭証拠」で済んでいる。

それではダメだ。

「何月何日、何時、誰に照会済み」ということを、文書で残すべきなのだ。

ただし、**これを直接「あんたはあの時こう言ったはずだ！」という抗議文書のようにしてやるのは野暮**というものである。喧嘩するなら「ソフトリーダーシップ」にならない。

そうでなく、部内で回す指示書、あるいは、企画書や提案書の中に、さりげなく証拠を入れ込むのである。

以下、具体例を挙げて、詳しく解説しよう。

《抗議型の文書》

佐藤部長　　　　　　　　2012／◎／△

H社案件につきまして、そのように佐藤部長に言われたのはとても心外です。

この案件は、もともと回収リスクがあったので、私としては反対意見を表明していました。それを、株主に対するアピール度が高いので、通常の顧客与信基準を変えてでもやってほしいと、強硬に検討させられた経緯があります。これは佐藤部長の業務命令です。覚えておいでではありませんか？

今回のＨ社のシステム使用料金値下げ要求は、まるで「それを飲まなければ、これまでの請求分は払わない」と、脅迫されているようです。たしかにＨ社は最重要取引先、Ｌ社の紹介ではありますが、値下げ要求を断るだけでなく、これまでの支払い遅延分を内容証明郵便にて送り、断固たる処置を取るべきだと思います。

従いまして、……

《誘導型の文書》

佐藤部長

写：●●業務部長
●●財務部長
●●ＩＲ担当課長
福岡支店長

2012／◎／△

本件は、取り上げ時より、Ｈ社の支払い能力を問題視し、指摘しております（別添昨年の3月28日の当初稟議書ご参照）。財務部長からは、与信基準を変える代わりに、回収懸念が実現したところでただちに取引停止とすることを業務指示としていただいており（同4月8日の業務指示書別添ご参照）、本件の状態はこれに該当しております。もともとＩＲ上の理由から採用した案件ですが、ＩＲ担当課長からも株主からの反応は期待に反してほとんどなかった（株主向けＨ社取引開始ＩＲ資料、及び、発表の前後2週間の株価日足表別添ご参照）と指摘を受けております。

紹介者のＬ社に対する佐藤部長のご懸念はたいへんに適確なものではございますが、業務部長によれば鈴木社長のＬ社定例訪問がちょうど控えており（定例訪問スケジュール表別添ご参照）、この段、Ｌ社長の理解を求めることは十分可能であり、かつ値下げ要求は言語道断だとの見解をいただいております（８月６日、営業会議にて確認。議事録別添ご参照）。
Ｌ社を担当する福岡支店の山川支店長からも、Ｌ社は十分納得するはずである旨と、何かあれば十分フォローアップをするとの力強い支持をいただきました（８月９日午前10時、架電にて確認）。
従いまして、……

［注］ここでの傍線は読者のため。実際は傍線を引くべきではない（嫌みになる）。

どうだろう？　両者の差は一目瞭然だと思うが、念のため「誘導型」の文書を書くポイントについて、解説しておこう。

〈誘導型文書を書くためのポイント１〉

まず傍線部分のように、あなたをサポートする証拠を「文書」で固めることだ。本件が株価に結局影響しなかったという話も数値で示しているので立派な証拠だ。

それから、「おかしくなったらすぐ引け」という財務部長の業務指示も文書になっている。会議の議事録もまた立派な証拠だ。

〈誘導型文書を書くためのポイント2〉

電話での場合には、日付まで入れている（時間まで入れるかどうかはあなたの組織の文化に任せたい。私の古巣では、モノによっては時間を入れていた）。これにより、その電話が「でっちあげでなさそうだ」という心証を形成する。

〈誘導型文書を書くためのポイント3〉

こうした「証拠」のほとんどはその都度、佐藤部長に回覧されているということに注目してほしい。上司を誘導するためとはいえ、極秘文書のようなものを探し出す必要はまったくないということだ。

訴訟において証拠開示は裁判が始まる前に双方済ませておかなければいけないのと同様、「いきなり」証拠を突きつけるとかえって相手を反発させるだけで、それ以上、上司の手を引けなくなる。

逆に、その都度見せてきたものを改めて示されると、腹立ちを表明することすら恥になるのだ。

〈誘導型文書を書くためのポイント4〉

当初稟議で議論のループに入れた関係者（ここでいう財務部長や業務部長、福岡支店長など）は、一貫してループに入れておくことだ。情報を出したり出さなかったりというのは、あなた自身のご都合主義と取られる。

ところでメールなら「cc」だが、単に「cc」をつけるだけではダメで、本文にこのように写しを配っていることを明記しておくのがコツだ。

これは根性上司や後述の重箱上司に対して、「きちんとした判断を出さないと、見ているのは部下だけでないよ」ということをじつに迂遠に伝え、しかし確実にプレッシャーを与えることになる。

証拠固めで攻めることとは、「あなたが上司と対立している」のではなく、「他の社内幹部の意見のまとめとして、上司に示唆を提示している」ということになる。
ここが最大の強みである。

➡あなたは上司を論破しないが、しかし確実にあなたの用意した出口(または入口)に向かって上司を連れていっている。

これは上司と部下の人間関係を感情論にもっていかないという状況を作り上げていくので上司としても不快感なく自分の意見を撤回し、自ら進んで誘導されていくことになる。
なぜといって、この文脈では、上司はあなたに論破されていない。部下や同僚たる幹部の示唆を得て、自分の意思で自分の意見を変えていくのだ。

このさりげなさがわかっていただければ、あなたも操縦上手になれる。

単に言質を取るだけなら、あなたのまわりも多少やっているだろう。ポイントは、この「証拠開示」のさりげなさというセンスだ。それがあなたのノウハウになる。

►ここでのPoint

►どんな世界でも「事実」は強く、証拠は万人の口を黙らせる。しかし、証拠開示のポイントは「さりげなさ」のノウハウだ。

►コーヒーブレークの項で後述するように、「ぶれる上司」も好きでぶれているわけでない。だから「さりげなさ」のノウハウがないと、あなたの上司に「悪意を指摘された」ように思われて、かえって逆効果になる。

上司を動かすテクニック 8

「前例がないと判断できない上司」を「データベース」に追い込ませる

前例がないと判断できない上司（前例至上主義ではなく、前例を見ないと何も決められない上司）は、つまるところ「判断するためのデータベースを見せてくれ」と言っているのだと読み替えられる。

私は前例がないことにこそ、仕事の醍醐味と戦略性があると思っている。そう思う読者も多いのではないか。

まあ、それでも、「前任者たちが似たような状況でどんな判断を下してきたか」ということを、上司が知りたくなる気持ちはよくわかる。

法律の解釈が、過去の判例に影響されるように、過去の事例を参考として求めるというのは、むしろ褒められた行為でもある。


ただ、あくまで「参考」というのが条件だ。


私はクライアントにこんなことを提案して、うまくいった経験がある。

その会社ではアメリカの現地法人のトップを長年務めた人が昇格し、その組織から出て、日本の親会社に行くことになった。

そこで、出ていくまでの間、後任にいろいろ判断業務をさせてみようとした。しかし、その後任がなかなか思うように判断ができない。まもなく日本に行かねばならないトップは、とても心配になった。

ユニークな業界で人材の層が薄く、そのため、業界経験のあまりない人を雇ったということもあった。

こんなときこそ、前例があると事業承継の助けになる。

そこで私は、日本では一般的な「稟議システム」の導入を提案した。

これを使えば案件判断の履歴（稟議）がどんどん蓄積されていくので、「こんな問題があったときに、前任者はこんな手で乗り切っていた」というのがよくわかる。稟議書がなによりの教科書になるのだ。

じつはアメリカには、日本人がイメージする稟議システムはないと言ってもだいたい間違っていない。

文化が違うのだ。

和英辞書や事典をくると、ペーパートレイル（つまり文書回し）とか、オーソライゼーションフロー（権限プロセス）などの英語が出てくるが、中身はプロジェクトマネジメントに近いものであり、私に言わせれば日本の稟議システムとはまったく違う。

オフィスメモランダムという、つまり形にこだわらないところで書面による合議はとても一般的なのだが、その多くは「ベタ書き」であり、経験値からいろいろ升目取りを工夫する日本の稟議とは違う。

そして、結局意思決定の手段は、メールや会議などが「ごちゃまぜ」になる（特に最近はメールがとても多い）。

これは、議論のプロセスを文書化した「議事録」のほうが大事だという文化だ。

アメリカにおける稟議システムの欠落は、会議に関する文化の違いから来ていると私は考えている。

もちろん権限規定やその遵守についてはＳＯＸ法などを持ち出すまでもなく発達しているし、それを支援するシステムだって日本よりも進んでいる。

今はそれがすべてＥＲＰ（基幹業務システム）に取り込まれているので、彼らはとりたてて不便を感じていない。

だから、「不便」が見えていたのは私だけだった。

ところが、エクセルベースの稚拙な稟議フォーマットを提供してみたところ、これが全員の支持を得て、あっという間に根づいてしまった。

私がアメリカに持ち込んだ稟議は極めて簡単なものなので、ここにみなさんに見せるつもりもないが、これがうまくいっていることはとても嬉しい。

今では、アメリカ人の社員が積極的に稟議を回している。

コンセプトを完全に理解した彼らも、「稟議」にあたる英語を探すことをギブアップし、アメリカ人が「Ringi」と呼んでいる姿は微笑ましい。

ここから日本人のわれわれが学べることは、**やはり統一ルールによる案件判断の記録（データベース）というのは、上司を動かすうえでとてもプラスになるということだ。**

ついつい稟議を回避しようという（文書を省略しようという）のは人情の常だが、そこをあなたが先頭になって、回すべき稟議はちゃんと回す職場文化に戻すべきなのだ。

「Ringi」導入者の私の経験から、ここでのポイントは、稟議にはまず「採番」をすること。何をおいてもまず採番だ。

「第7号店を隣の書店と共同所有するという稟議は、どうなっていますか？」などと、同僚や先輩、部下としゃべるのはじつに時間の無駄だ。

「稟議番号25番は今誰が見ている?」と、メールを出せばそれで済む。

稟議は書くことだけでなく、書いたものを管理するのも目的の1つなので、採番は欠かせないわけだ。

それから電子、もしくは本物のペンによって関係決裁者全員に署名をさせること（ハンコだってもちろん悪くない)。

決裁日を記入すること。

承認条件があるときは、その条件管理をすること。

このへんで、本当に使いやすいものになっていく。

こうして稟議という形で決裁を得れば、それはもう言った言わないの話でも、1日500通の中にまみれた決裁した電子メールの見落としなどでもなく、確実に全員の共通の理解の中で清々と進んでいく。

ある大手出版社に、やり手の編集者Aという人がいる。この人は「前例がないと絶対に案件を決裁しない」という上司とマーケットの声に挟まれて相当苦労したそうだ。

A氏はある日、新しい案件についてやはり上司に反対された。その上司は「私の見解ではこういうことは――」と言って否決理由を語りだしたが、A氏はたまらず、「あなたに見解なんかない！」と面罵したそうだ。
「面罵できるような職場環境はまだまだ救いですね」と私は言った。だが、前例しか踏襲しない人に「見解がない」というのは真実だ。

それはともかく、この判断データベースを採用すれば、「前例」が時系列に管理され、経営ノウハウとしてその部署に蓄積されていくので、「見解のない上司」さえ、とりあえず踊らせて機能させることはできる。

それどころか、「当社に前例がない」というのは、正確には「前例を聞いたことがない」という個人的体験の告白でしかないので、こういうデータベースがあれば、あなたが「歩くディシジョン（裁決）サポートシステム」になって、「前例」や「準前例」を示すことさえできる。

あなた　「部長、先般ご相談したバックオフィスのスタッフへの携帯電話の支給の件ですが──」

部長　「ああ、あれね。やっぱり気が進まないよ。わかるだろ、君だって。うちの社長は事務系社員への経費には渋いんだよ」

あなた　「はい、よくわかっております。ただ、当部の場合は、外にいる営業マンにとってバックオフィスのスタッフは二人三脚のパートナーのようなものです。バックオフィススタッフもときどきは外出しますので、そんなとき営業マンは彼ら・彼女らの携帯にかけたいところです。しかしプライベートの携帯は、受信料金の問題があり、営業マンもかけづらいんです。やはり共用携帯として支給していただけますと、とても情報交換の観点で効率的です」

部長　「まあ、それはわかるけど、事務系だからね。前例がないよ。過去、どういう判断をしていたか調べると君は言っていたけど、どうだい？　前例なんかやはりなかっただろう？」

あなた　「はい、前例はやはりありませんでした。しかし業務部で去年、同じような稟議が出ていました」

部長　「否決されただろう？」

あなた「はい、否決でしたが、否決理由は顧客サービスに直接影響がないからだということで、『営業部署からのリクエストなら別だが』との一文がついていました」

部長「そうなの？」

あなた「また、部長の前任者であるA取締役が3年前にやはり同じ稟議を上げていました。そこでは、通信手段は大事なので、価格の下落が落ちついたらぜひ進めるようにと社長のコメントがついておりました」

部長「ふむ。営業部署の判断の場合は別で、価格下落が落ちついたならGOということか？」

あなた「A取締役も小さなことで、引き継ぎを忘れたのでしょうかね。しかし、社長のいつもの言い方からしますと、これが引き継ぎミスであることは明らかです。社長がこの稟議のことをふいに思い出すと、A取締役の顔がつぶれてしまいますね。それは私の上司である部長の立場を思うときに、できれば避けたいと……」

部長「まあそりゃあ、あらかじめわかっているなら人の顔はつぶさないほうがいいよな。君の言うとおりバックオフィスは外の営業マンにとって大事なパートナーだからねえ。もう1回、君の稟議を見せてくれる？」

あなた「もちろんです。念のために、その過去の稟議のコピーをつけておきましょうか?」

部長「誰にもNOを言わせないって寸法か。君にあってはかなわないな」

このように、これは「機械的に進められる」という点において、じつに気持ちの負担なく進められる「追い込み」と言える。

あなたは上司を追い込んでいない。データがあなたに代わって上司を追い込んでくれる。

➡あなたはデータに追い込まれる上司に対し、涼しく高みの見物を決めていればいいのだ。

►ここでの Point

► 「前例を気にする上司」はデータベースでしか判断できないのだから、逆に言えばデータベースに上司を追い込ませることはたやすい。

► だから、あなた自身が上司よりデータを抱え、読み込みをすれば、ゴールはもう見えたことになる。

9 「重箱の隅上司」は「数字」で逃げ道をふさいでしまえ

重箱の隅をつつくことが好きな、そうせずにはいられない上司というものがいる。
これは、本人は仕事をやっているつもりになっているし、それなりに優秀なつもりである人が多い。

➡ところで、その「重箱指摘」は、だいたい「おっしゃるとおり」なことが多い。だからやっかいだ。

重箱上司は自分の分野の専門性は高いが、そのくせ、大事な全体像を持たない重箱の隅をつついた正論で、あなたを論破してしまう。

つまり、反論が極めて難しいということだ。

序章の私自身のエピソードでも書いたが、「リスクがない」という正論は、「リスクがある」という重箱論に勝つことはできない。

しかし、重箱をつつく上司は、全体像の把握ができていないという点からも、「あの人と議論になると面倒だから」と言って放置しておくわけにはいかない。

アメリカでは、「重箱の隅をつつく」という言葉はない。マイクロマネジメント、マイクロマネージャーというのがそれに近いが、もちろん、この言葉がいい意味で使われたことはない。

マイクロマネージャーと言われて私が思い出すのはジミー・カーター元大統領だ。カーター大統領はなんと内務省の駐車場アレンジ（誰にどこの駐車場所をあてがうか――アメリカ人は自分の駐車場所で権威を与えられていると感じたり、そうでなかったりする）にまで首を突っ込んでいた。

さらに驚くのはホワイト・ハウスのテニスコートの使用許可までカーターが決裁していたという！

ほら、あなただって絶句している！

ここからわれわれが考えるべきことは、重箱上司とは決して同じロジックの土俵で戦ってはいけないということだ。

テニスコートの使用許可を大統領自らやることで公明正大な行政を目指すのだと言われれば、その議論の延長線上では誰も勝てない。

さっきも述べたように、世の中には絶対に勝てない議論というのがある。

あなたも私も、つい、「売られた喧嘩（議論）は買いたくなる」が、冷静に考えれば、そんなところに入り込んで消耗戦をくり広げて摩滅しないことのほうが大事だ。

だから、上司に重箱をやめさせるには、「非効率」とか「別に発生するコスト」を見せるなどの努力がいるのだ。

そもそもビジネスというものは、多くの変動係数を抱え込む。

「すべてを予測・計測することは不可能」という割り切りの中で商売を進めていくというのが暗黙の了解のはずだ。

これをとりあえず「根本前提」と言っておこう。

もちろん、重要事項のチェックは慎重にやるべきだ。

だが、重箱上司は大勢に影響のないようなことまで細かく指摘し、それについての再調査や修正まで求めるからやっかいだ。

それを「仕事の精度」などと言われた瞬間に、こちらも反論できなくなる。

具体例で考えてみよう。

重箱上司の重箱指摘が、あなたのビジネスプランに「チクチク」となされたとしよう。

そしてその突いている先が、具体的なマーケット予測や商品の性能の検定だったとしよう。

仮にあなたが、シェパード犬専門のペットフードの新製品をマーケティングしようとするとき、「シェパードという犬はだいたいこのくらいの体重で何頭いるから、ペットフードはこのくらいの消費が見込め、このような採算になる」などとビジネスプランに書いたとする。

その場合、あなたは世の中のすべてのシェパード犬の体重を量るわけにはいかない。一部のシェパード犬のデータでもって全部を推し量るというルールに上司が合意してくれなければ困る。

いわゆる、「標本の分散を計測することによって母集団を推測する」ということ（統計学の「根本前提」）に同意してもらう必要がある。

こんなに堅苦しく言わなくても、こういうことをわれわれは常日頃「だいたいのところ」という枕詞《まくらことば》によってやっているはずである。

■うちのクルマはだいたいリッター10キロ走る。
■うちの電気料金はだいたい夏場で月に3万円かかる。

重箱上司はこの、「だいたい」を出す際の「標本を調べる」基準が異常に高いのだ。

つまりあなたなら、新車を買って、ガソリンを4、5回入れた経験の割り算で燃費をだいたい理解する。あるいは、新居に3年も住んで、夏を3回経験すれば、だいたいの夏場の電気料金を理解する。

根本前提としてはこれで十分のはずだ。

ところが、重箱上司は、こと業務になったときには、人が4、5回で済ませるところを、40、50回調べないと気が済まない。

あなたの上司は、シェパード犬のデータを「せめて1万頭分取ってこなければ。そんな精度の低い数字で埋まったビジネスプランなど承認できるか」と息巻く。

そういう無理なことを言っているのである。

上司は「無理な前提」で話し、あなたは「根本前提」で話している。**前提が違うのだから、同じ土俵では戦うことはできない**。そんなとき、普通、負けるのは正論であるあなたのほうである。

会社はそんなところから腐っていき、この不況で脆さを露呈する。それでも上司のご都合至上主義がまかりとおるなら、あなたの会社の寿命は見えている。

重箱上司の最大の問題は、その「重箱点検時間」にもコスト（人件費）がかかっているということを忘れてしまう、その忘却癖だと私は断じたい。

さて、では具体的に、どうやってあなたが「数字」を持ち出して重箱上司のロジックを1つひとつふさいでいくか、という一例を出してみよう。

やや簡略化したストーリーを作り出すと、こういうことだ。

ある電気機器メーカーが「他社より長持ちする電球」を開発したとする。

この新型電球の平均寿命を推定して、パンフレットで「うちの電球は平均値でこんなに長持ち」と告知したい――宣伝部長からあなたの上司の業務部長が以上のような相談を受けた。

そして、「**製造数が１００万個もあるその電球の平均値をどうやって出すか**」と、あなたの重箱上司が途方に暮れたとする。

このとき、「平均3000時間の電球の寿命を律儀に調べると、平均3000時間（125日間）かかる」という、じつにあたりまえの数字が重箱上司の頭の中にある。そして、製品保証部には電球検査の検査ソケットは1000個しかない。

あなたの重箱上司が、「100万個の電球の平均値を謳《うた》うのに、1000個しか検査できないとは……これじゃ顧客を騙すようなものだ。外部モニターを雇うなどして、なんとかしてもっと丁寧に調べろ！」と怒鳴ったとする。

こんなとき、あなたならどうするか？

もし、統計学をかじったという後輩がいたら、「**ああ、母集団の平均値の信頼区間推計ってことですね**」と、簡単に引き受けてくれるはずだ。

そんな都合のいい後輩がいないあなたのために、あんまり専門的にならないように簡潔に説明すると、100万個分のたったの1000個（つまり0・1％の標本）とはいえ、「かなり説得力のある推計」ができるということだ。

1000個のデータを取ると、1000個分の平均値（＝仮に3000時間とする）と標準偏差値がわかるわけだが、その数値だけで100万個の母集団の平均値について、以下のようなことが言える（計算式省略）。

◎100万個の電球の平均寿命は、「99％の確率（信頼係数）で、2987・76時間から3012・24時間の中に収まる」。

あなたが後輩に、

「おい、じゃあ、1万個のデータを取ったらどうなるんだ？」と聞いてみると、

「99％の確率で2996・14時間から3003・86時間が平均値になりますよ」

と、答えるだろう。そして、

「なんだ、1000個のサンプルを取っても、1万個のサンプルを取っても、説得力はあまり変わらんじゃないか」

「ま、そんなもんですよ」

となるはずだ。


あなたはこんなプロセス（計算式）を理解する必要はない。かといって、これはことさ

ら難しい統計手法でも計算式でもなんでもない。

どうだろう。今の会話を整理すると、たった1000個調べて、「この新型電球は平均寿命が3000時間もあります」と広告しても、まったく問題ないのではないか。

新型電球のパンフレットにその注釈を書くときに、

【あなたの提案＝0・1％の標本】
〈注〉当社実験により、2987時間から3012時間（99％信頼係数）
【重箱上司の要求＝1・0％の標本】
〈注〉当社実験により、2996時間から3003時間（99％信頼係数）

という違いが出るだけだ。

これを見比べて、いったいどれほどの広告上のインパクトの違いがあるというのだ。

私が消費者ならどっちでもいい。

私への説得力はまるで変わらない。

その意味のない調査ために、9000件の民間消費者モニターを使って3000円のモニター費でも出せば、2700万円の出費だ。

つまり、重箱をつくということは、追加的に2700万円を出費して、その果実として、平均値の表記を先の例のように書き換える「無意味の意味」を手に入れるということである。

重箱上司は、ロジックであなたを注意しているつもりになっているから、数字を見せてその意味を考えさせるしかない。

これは真正面からの反論ではなく、サイドアタックとも言える。つまり相手の視点のポイントを切り替えてやる（正確性のロジック↓経費対効果のロジック）操縦術だ。

あなたの職場は民間モニターなど使わないだろうから、上司の「重箱管理」を進めていくための作業時間を推測し、それにあなたの部下の労働単価をかけてやればいい。

そして、その「重箱業務指示」がどのくらい高くつく指示なのかを明確にし、そこまで調べることが、本当に意味があることなのかどうかを上司に推察させればいい。

あなたがわざわざそれを口に出して表現するまでもない。

＊このように「○○の確率でもって、マーケットは△△から□□の間に分布する」と言えてしまう統計の考え方は、ビジネス上の実務に役立つ強い味方だ。後輩にやらせてもいいし、自分で本1冊読んでみるだけでもラクにできる。

上記の電球の寿命の計算は、種明かしすると、「標準正規分布表」というどこの統計の本にでもついてくる付録さえあれば、あとは「×」と「÷」と「√」だけの電卓の作業なのだ。

興味があれば、『はじめての統計学』（鳥居泰彦、日本経済新聞社、1994）がお勧めだ。同書には、「データの平均」をさらに「データ（標本）」として推計すると、500個もデータがあれば世の中のすべてのシェパード犬の平均体重をずばり割り出すなんてドキドキなことも書いてある。

►ここでのPoint

►「重箱上司」とはロジックの議論では勝てない(ようになっている)。したがって、真正面からの反論ではなく、「重箱点検」の経費対効果の議論で立ち向かうべきだ。

►しかし、あからさまにやるとその「重箱ぶり」を指摘されたようで気を悪くし、状況が悪化する。簡単な統計を用いて、「重箱ぶり」に気づかせてやればいい。

コーヒーブレーク

アメリカの職場に多い「舌の根を早く乾かす」タイプ

アメリカの職場でよく目立つのは、いわゆる「舌の根も乾かぬうちに」という上司、前言を簡単に翻す上司だ。

これは前述の「ぶれる上司」とは根本的に違う。ぶれる上司にはぶれている意識がないことがほとんどだし、多くの場合、悪意があってぶれているわけではない。自分の思考の軌跡を忘れてしまっているという意味においては「恥知らず」だが、コンサルタントの立場からすると、会社の業績のためにはむしろぶれがなさ過ぎるほうを私などは心配する。

それと違って、「舌の根」上司の場合は完全に意識したうえで前言を翻している。そしてそこには悪意さえある。

しかも計算高く、前言を「解釈」という前置きで操作しにかかるので手ごわい。

この「解釈」というテクニックは極めて有効性が高いので、残念ながらアメリカ社会にかなり蔓延している。身近なところで言えば、ヒラリー・クリントン国務長官だ。


つい先日、オバマ大統領が再選されたが、4年前の2008年、オバマとクリントンの（民主党選出を勝ち取るための）予備選へ向けての舌戦は史上空前の激しさだった。それは「自分の実績をアピールするのでなく、相手がいかに信頼ならない無能な政治家か」というネガティブキャンペーン（陰口）であり、テレビディベートも真っ向からの罵り合いであったりした。

今でもYouTubeで見られるが、あの唾の飛ばし合いは本選挙以上の激しさだった。その、相手を酷評する効果が高すぎて、出身母体の民主党でさえも、予備選を勝ち抜いたほうが本選挙で（世論調査では民主党が有利できていたが）本当に共和党に勝てるかどうか、かなり不安に思っていたほどだ。結局、選挙はオバマ候補に軍配が上がったが、なんと……宿敵ヒラリーは国務長官になったのである。

国務長官と言えば、実質アメリカ合衆国で3番目の権力者だ。

ただし、もしヒラリーが「舌の根」術を駆使しないで、「オバマはダメだ」と言ったごとくに民主党内でオバマと対峙していくとすると、ヒラリーはたった3年生の新米上院議員でしかなく（アメリカの議会も、年季を重ねないと要職をもらえない）、元大統領の夫人だったという以外には政治手腕をアピールするチャンスなどない。

ヒラリーにはこの戦法しかなかったのである。ただ、果実は大きい。私の予想では、2016年の大統領選挙にはヒラリーが民主党から出馬し、共和党のクリス・クリスティ現ニュージャージー州知事とぶつかる。私はクリスティ知事の当選を予想するが、ヒラリーは民主党の予備選で夫とオバマ、2人の大統領の推薦と応援を得られるという、近年まれに見る、恵まれた〝地盤〟を手にすることになる。これはすごいことである。

いずれにせよ、予備選でオバマに負けてから国務長官に任命されるまでのヒラリーは絶妙の「舌の根」術を駆使している。

もちろん、ヒラリーは二度とオバマを「無能呼ばわり」しないし、経験のなさをあげつらうこともない。しかし、これは日本で言えば、自民党の総裁選挙で、同じ自民党員が対抗候補のことを「アホ呼ばわりした」うえで、その相手の政権に財務大臣くらいの重要閣僚として入るほどの「ありえない」話である。

このことからも、「舌の根」術がわれわれにはとても受け入れられないほど過激なアプローチであることがわかる。

しかし「舌の根」術は、アメリカのビジネスの現場でもたくさん見られる。自分の同僚だった人間が先に出世して自分の上司になるということが中小企業でも日常茶飯事だからだ。

つい昨日までオープンに批判していた同僚の手腕を、明日からは部下の前でおおっぴらに好評価して「噂の蔓延で自分の首が危うくなるのを防ぐ」必要がある。

当然、自分の部署の業務施策も変わる。

そこには部下に対して具体的な変更の事由説明などしようがないから、そんなときは、

「いや、あのときのNOはプランそのものがダメという意味のNOではなくて、タイミングとしてNOということを言いたかったんだ」

というような言い訳の塗りたくりになる。それを恥の上塗りというのではなかったか？

部下はそういう上司を陰で笑う。しかし、その部下たちもほどなく転職していくので、いつの間にか、その「お笑い」はなかったことになる。

アメリカの職場では、平均して4年たつと従業員の半数が入れ替わるのだ。

第3章

上司を動かすために明日から使える戦術

ここでは実際に上司を動かすときに役立つテクニックを並べた。
「刑事コロンボ作戦」とか「一撃必殺のトイレ重奏術」など、
筆者が長年くり返しくり返し使ってきたワザを披露する。
魔法瓶ではあるまいし、押すだけではダメだ。押さば引け、引かば押せ、である。
どんな武術の達人にも弱点はある。正面から行ってはいけない！

上司を動かすテクニック

10 相手の無防備につけいる「刑事コロンボ作戦」

「おっと……。ああ、そうだ。1つ伺うのを忘れちまったんですがね、社長さん。もう1つ、もう1つだけ聞いてもよろしいですか?」

容疑者と何食わぬ顔で友好的な面談をした帰りがけ、ドア付近で立ち止まって考え込み、そこからおもむろに振り向いて上目遣いに容疑者を見つめて質問を装って追い込んでいく

——ご存じ、刑事コロンボ。

あの意図的な謙遜と唐突な質問に百戦錬磨の優秀な人間(犯人)たちがついボロを出す……。

「ビジネスは刑事コロンボから学べ」と、真顔で言うコンサルタントがいる。

世界的なコンサルティングファームであるマッキンゼーのコンサルティングの進め方を著書『THE McKINSEY WAY』で紹介したイーサン・ラジエル氏は、企業インタビューの仕方を「刑事コロンボ作戦」と指導していて面白い。

これは、あなたの「ソフトリーダーシップ」の参考になる。

コンサルティングファームは、クライアントに質の高いインタビューができてこそ問題の特定ができる。問題意識のあいまいなところから生まれてくるソリューションなど、何の役にも立たないからだ。

だが、相談業務を長年やってきた私の経験上、世の中の「ソリューション」と言われる解決方法アプローチは、プレゼンテーションのパワーポイントの美しさにばかり目が奪われてその場は納得しがちだが、本当に現状分析ができているアプローチが極めて少ないことに驚かされる。

これはじつは、顧客の側に問題が半分ある。

解決を求める会社や上司、あるいはお客さまという人たちは、現状分析に金を払ったり時間をかけたりする意識が薄いからだ。だから、コンサルタントが現状分析のインタビューをする、その時間（＝フィー）に不快感をいだいたり、非協力的になったりする。

ところで、インタビューといっても、深い人間関係のない相手とは、いくら友好的な会話が続いても本音がずばりと出てくるとは限らない。

企業内政治のこともあり、「これを言ったら、上司の顔がつぶれる」などの配慮があって、口がブロックされていることもごく普通だ。

また、インタビューをするコンサルタントは会社のトップの意思に基づいて派遣されるわけなので、望まなくともその存在は権威になり、相手に威圧感を与えることも珍しくなく、やはり本音から遠ざかる。

そこで、マッキンゼーでは、刑事コロンボよろしく、インタビューを終え、立ち去りかける寸前に、「ところで、1つ聞き忘れたんですが……」と、帰りがけの質問を展開するという。

私もこのやり方をよく使う。

ただこれは、ストレスがたまる。やってみればわかるが、もっともプライオリティ高く質問したいことを、最後の別れ際まで胸の中に握り込んでいなければならないからだ。

しかし、効果は抜群だ！（こういうことを可能にするのは、本当の意味での事前準備しかない）

ドアに向かって歩き出したり、廊下を歩き始めたりすると、相手はすっかり無防備になっていることが多い。

私の場合は、「ところで、1つ聞き忘れたんですが――」うんぬんの枕詞さえ省略することで、相手が防御を固める時間さえ飛び越えることにしている。

出口に向かって歩いているときは、お互いに、友好的な印象を固めておこうと思うときなので、さりげない質問にはかなり答えてもらえる。

たとえば、誰か幹部をクビにして外から後任を引っ張ってくる、というセンシティブな話題のときには、

私　「いい天気ですね。今日はまたダルビッシュが投げますかな？」
相手「いや、レンジャーズも貴重な人材を日本からよく引っ張ってきたものですよ」
私　「御社もそろそろ来年の布陣固めに入りますか？」
相手「まあ野球と違ってビジネスですから、年がら年中そんなもんですな」
私　「M部門は、やっぱりコーチ交替ですか」
相手「うーん……まあ、内緒ですが、そんなとこです」

こんなふうに圧縮した例で見せると、やや「つくりすぎ」に思われるかもしれないが、相手に応じて、野球だったり、フットボールだったり、独立記念日のバーベキューだったり、私はたくさんの引き出しを用意している。

私の場合は、コロンボほどおトボケがうまくないので（つい本音が顔に出る）、このようにさまざまな言葉やイメージの連結を手法として使う。

日本なら美しい四季とそれにまつわる季語になるようなアイテムがたくさんあるので、あなたは私以上にやれるだろう。

いずれにしても、相手の無防備につけ込む点では同じだ。

相手がもし何かのタブーにかかわっている場合、それまではうまく顔の下に隠せたようなことも、とうとう顔に出してしまって、少なくともそこに企業政治が潜んでいるということを把握することができて、じつに有効だ。

「動かない上司」であるあなたのボスに対しても、これを試してみてほしい。**上司が動けないことには理由があり、動かすためにはその本音を知っていなければならない。**その重要性は、さきほど「現状分析の重要性」で述べたとおりだ。

そしてその本音を引き出すのに、コロンボ作戦は一度やってみて損はない。

たとえばある業務提案を、「ぜひ役員会に上げて検討してほしい」と、あなたが熱望しているのに、上司が玉虫色のことを言っている。

結局、上司は役員会に諮ることをしないのではないか、とあなたは疑ったとする。

「YES」とも言わない代わりに「NO」とも言わず、時間を稼いでうやむやにしてしまおうという上司の意図が、あなたには見える。

そんなとき、あなたはそれ以上押すことをそこでやめてみる。

そして刑事コロンボよろしく、相手の話を一度、丸呑みして素直にうんうんと頷く。

会議を終えて、「さーてと」というあたりにさりげなく、

「〇〇の件は、もし役員会に上げられる運びとなったら、誰が反対しますかねえ?」


と、ずばり切り込む。

つまりあなたの推理は、上司の目の裏に「具体的に反対しそうな役員の顔がちらついて」いるために、上司が「YES」と言えないと考えたわけだ。

そこに切り込んでいった。

それがあたっていれば、上司の顔が確実に変化を見せるし、状況によっては、その個別具体的な名前やその背景がポロッと飛び出す。

その障害を上司のために取り除いてやらなければ、上司は役員会に提出しないことがわ

かった。

ならばと、あなたは次の手を打てる。

あなた「なるほど、ちょっと手ごわそうですね。では、△△取締役でも呑んでいただけるような企画に微調整しましょうか？　私の同期がなにかと△△取締役に目をかけていただいているようなので、酒の席ででも感触を先に聞いておかせることができます」

上司「ほう、そうなのか？」

あなた「私だって◇◇さん（自分の上司）にはぜひラクに役員会でご提案いただきたいですから」

上司「うむ」

あなた「それから、ラクということで言えば、よかったら私を事務方として、その案件の協議のときだけ役員会に同席できるように根回ししていいでしょうか？　そうすれば、◇◇さんは会議の場で、細かい説明のところを私に振っていただければ、やりやすいと思います」

上司「うん、そうだな」

いかがだろう。

ここまでやってしまえば、玉虫色も何もない。

あなたが資料を持って、本来座れる資格のない役員会に出るのだから、あなたの提案は提出されることになる。

これであなたは一歩、前に出た！

ラジエル氏によると、「スーパーコロンボ術」というものまで準備してあるというから、お堅いマッキンゼー本社もなかなかどうしてユーモアに溢れている。

いま紹介したのが「帰りがけ」なら、スーパーコロンボ術のほうは「通りがけ」だ。

もちろんわざとやるわけだが、相手の部屋を通りかかったときに、「そこを通ったので、ちょっと寄ってみました」と、いきなり入っていって、防御の準備ないところで相手に質問を切り出すというテクニックだ。

なるほどこれもコロンボのあのやさしい目に翻弄される容疑者のシーンがいくつも思い

浮かぶ。

もし読者の上司が個室を持っている場合には、ぜひやってみてほしい。

►ここでのPoint

►会議には会議術を、対話には質問術を、と読者はさまざまな工夫で上司の本音を引っ張り出そうとしているだろう。しかしそれぞれの「術」には限界があり、うまくいくときもあればうまくいかないときもある。

►そんなときは隙を見せておいてズバリ切り込もう。やり方のイメージが湧かなければ、不朽の名作「刑事コロンボ」を今すぐDVDレンタルショップに借りに行ってほしい。

上司を動かすテクニック 11

社会の窓が開いたら「一撃必殺のトイレ重奏術」を

「コロンボ術」で見たように、無防備とは文字どおり本音が無防備にさらされる状態だとわかる。

ただ、私に言わせると、社員同士が入室するのはたいていいつも「いきなり」だ。それに、くり返しになるが、日本のオフィスでは（外資系でない限り）上司といえども個室を持っていない人がほとんどだ。

だから、読者には私なりの応用バージョンをご紹介しよう。

ずばり、トイレで並ぶのである（**本書でここだけが女性を対象としておらず、ご勘弁願**

いたい)。


理由を説明するうまい表現が思いつかないが、人間、相手が席を立ったときにそれがトイレであるかどうかは、日頃気をつけていると、思っている以上の確率であたる。だから、相手がトイレに立ったと思ったら、あなたも10秒遅れてトイレに立つのだ。

当然、便器に並んで立つのが目的だ。

しばらく互いに沈黙していることが多いだろう。

便器に向かって上司と重奏をかなでるのを、私は別に居心地が悪いとは思わない。ただ、なんとなくお互いに、言葉を交わさないと気まずいという気持ちが生まれているはずだ。

そんなときに、

「例の件ですが……、あれ、たとえばの話ですが……もし役員会に上げるとなったら、どなたが反対しますかねえ?」

などと聞いてみることである。

ビジネスマンにとって社会の窓を開けているときほど無防備な時間はない！　あなたの推理が正しければ、上司はあなたにとって「じつに興味深い反応」を示してくる。私の長年の実践が保証する！


トイレ重奏術はいろんな応用がきく。

本音を引き出すだけでなく、私などは急ぐ融資稟議を上げるときにうまくこの方法で重箱上司を動かした。

重箱上司は審査部からケチがつかないように、私の稟議を超・慎重に点検するのだが、早く結論を出さないと顧客が怒り出して、直接支店長に電話するのが担当の私には見えている。

しかし、重箱上司は私の稟議の細かい言葉尻などを吟味しているため、ずっと抱え込んでいる。審査部に支店長が小言を言われないようにと配慮しているのだ。

「そんなことより、顧客に怒鳴られるほうがオヤジ（支店長）は困るのに……」と、私は焦れていた。

そこで、重箱上司の顔をつぶさないためにも、私は支店長とのトイレ重奏を試みた。

支店長「……」
私「あ、お疲れさまです……」
支店長「おお、ごくろうさん……」
私「……」
支店長「……」
私「……」
支店長「……」
私「あの、……F社なんですけど……また急ぎのつなぎ融資案件が出まして」
支店長「え、またかよ。あそこ、いつも急に言うくせにせっかちなんだよな」
私「おっしゃるとおりです。この間と同じ金額で、短期です。超優良会社ですから
もちろん問題はないんですが、いちおう、本部決裁稟議ですのでちょっと時間が……」
支店長「おうおう、早く稟議書いて出してくれよ」
私「はあ、書いたことは書いたんですが――」
支店長「書いたか？　なんだ、課長がまた握ってんのか」

私　「握っているだなんて、とんでもございません。丁寧に見ていただいている――」

支店長　「F社だろ。形さえ整えればいいんだ。あそこの社長に大声を立てられるのはたまらんからな。よっしゃ、すぐ課長のところに行ってこよう」

と、こんな感じである。

不思議なもので、オフィスでは、職場の階層を超えて案件を検討する行為はまったくご法度な組織なのに、トイレでの情報交換にクレームをつける人は1人としていなかった！　日本企業には、もともと飲み会での情報交換というカジュアルな手段が素地としてあるからだと思う。

ただし、断っておくが、飲み会は「無防備」とは限らない。

むしろ私などは、飲み会というタイミングを狙ってどんな部下が何を言ってくるかと、笑顔の下で構えているところがあった。

それに比べて、トイレ重奏術は一撃必殺なのである。

►ここでのPoint

► 無防備につけ込め、と言った。

► 人間、何が無防備といって、社会の窓が開いているときほど無防備な時間はない。であれば、そこにつけ込む工夫さえこの焚書シリーズでは「あり」だ。

► あなたの上司も同僚も「トイレ重奏術」など思いもよらない。オッ、上司は席を立ったぞ！　健闘を祈る！

上司を動かすテクニック

12

加山雄三流「外堀を埋めて本丸を追い込む術」

あなたが上司を操縦する際は、当然、上司の心や考えを動かすことが中心になる。

とはいえ、一方であなたがあなたのチームのみんなの心をつかんでいる必要もある。上司といえども、あなたの意見に賛同している社員の数の多さが気にならないわけはない。

つまり、**上司を動かすには、あなたの意見にほかの部下も熱く賛同している姿を、上司に直接・間接に見せることが有効なのだ。**

そして、たとえ今日の案件を通してもらえなくても、部下の賛同が背景にあれば、そのあとの仕事の進め方の成功確率がぐっと高まるのだ。

人間、大勢の意見に異を唱えるには、唱えるほうも「ちゃらんぽらん」ではいられなくなる（だから世の中には、訴訟でも選挙でもない、「街頭署名活動」という不思議な民意の反映の仕方が存在する）。

ところで、あなたの部下や同僚もやはり、ロジカルだけで動くとは限らない。事務方の人や、昨日入ってきたばかりの新人、パートや派遣社員を含めて、いろんな人の「Buy-in」を、あなたがつかむことはできるだろうか？

➡このように、あなたはときとして、仕事のために大衆の心をつかむことが求められる。

私の通った高校（慶應義塾高等学校）には面白い先輩がいっぱいいる。中でも石原裕次郎氏は間違いなくそのユニークさにおいて傑出している。故人の名誉のこともあるので武勇伝の詳細は割愛するが、裕次郎を直接教えたという体育のT先生の話にはいつも生徒の輪ができた。

また、学園祭の前には毎年、生徒会が面白い先輩を連れてきて講演をお願いする。

中でも一番思い出が深かったのは、加山雄三氏だった。

世代的には親と子ほども違う。

当時全盛だったビンビンのヘビーメタルや、そうでなければテクノポップスなんかに浸りきっていたハイティーンに、加山氏の「海」や「希望」や「旅」や「男」の歌は、人生観という点で接点がなかなかない。

慶應高校の生徒には、好きなものには徹底してノッて見せるが、合わないと思うと厳しい批評をところかまわず投げつける面がある。1学年に18クラスもあったから、多勢に無勢で、進行ができなくなるほどのヤジも飛ぶ。

私は15歳ながら、加山氏はこの大勢を相手にどうするのだろうと心配していた。

が、そんな心配は開演と同時にすぐに吹き飛んだ。

加山氏は、2500人の高校生を前に、こんな第一声を放った。

「いいねえ、君たち！　もう一度学校に入るとしたらやっぱり慶應だな」

と、かつての若大将はそう言った。

そのセリフを私は一生忘れることはない。

親よりも年長であるかもしれない加山氏に、2500人がいっせいに大きな拍手を浴びせた。

彼の勝利だ。

そこから先は彼にとってはむしろイージーだったろう。

慶應高校は戦時中、帝国海軍が接収して使っていたので、加山氏の学生時代にはいろいろな遺物が残っていてじつに面白かったようだ。彼が拳銃を発見し、キャンパスに残っていた連合艦隊司令部や軍令部の地下壕などに入り込んでそれを発砲したいたずらのエピソードなどを披露し、さんざん学生の心をつかんだ。

つかんだうえで、やっと歌が始まる。

その歌は親の世代の歌であったはずだが、ヘビメタをウォークマンで聞いていたような連中を含めて、みんなが彼の歌に惚れ、私もその後カセットテープを手に入れてたくさん聞いたものだ。

つまり、大衆の心にはつかみ方があるということを、私はあのとき見せつけられた。

経営コンサルタントの大前研一氏が、数ある著書の中で、ほぼ唯一、「私の欠点」としてとつとつと書いている箇所がある。

それは『大前研一 敗戦記』（文藝春秋、1995）という、都知事選に立候補して落選するまでの経緯を記した本だ。

そこに、「加山雄三氏の直言」という章があり、ここで加山氏に説教されたときのことを書いている。

……めったに選挙応援などしない加山氏が、特別に大前氏を応援した。そして「ここまで応援してやったのだから、一度だけ俺の話を聞け」と、落選後に大前氏を座らせて、加山氏は心からの説教をしたというのだ。

そのとき加山氏は、あの大前氏に向かって「**あんたがなぜ滑稽なのかというとね、全部1人でやろうとしているからだ**」（回想録のまま）と言った。

まさに直言だ。

日本一のコンサルタントに向かってすごいことを言う。

そして、加山氏は、自分が吉本興業にもプロダクションにも所属せず、35年も歌で飯を食ってきたのは、大衆が考えていることに敏感になり、大衆の考えていることがよくわかっているから初めてできたのだと言った。

つまりこういうことだ。

正しいことだからといって、人がついてくるわけではない。

理論理屈も大事で、政策もない対立候補など取るに足らない。しかし「社会が動く」あるいは「組織が動く」には、正しさだけではないということだ。

たしかに、私もあのとき、圧倒的な政策力をロジカルに展開していた大前氏が、あの都知事選挙で負けるとは思わなかった。負けた相手は、「いじわるばあさん」「青島だァ！」の放送作家、青島幸男氏だ。

あなたにとっていかほどロジックが大切といえども、世の中がロジックで動くとは限らないとは本当だ。

加山氏の指摘はじつに正しい。

『部下は育てるな！　取り替えろ!!』を書いた私も、部下の扱いについてはその叱り方や褒め方について、かなり戦略的なことを主張している。**つまり、ダメなものはダメ、いいものはいい――それはそのとおりだが、それだけでもまた部下は動かないし、上司も動かない。**

上司の気持ちのつかみ方についてはこ別のところで述べたのでくり返さないが、同僚や部下も含めた組織全体について、あなたは正論を吐くだけではまだ足りない。

だから、あなた以外の、エリートとは限らない人たちを、あなたがどうやって指導していくかということは、言い換えれば、あなたがいかに大衆の気持ちをつかむかということになる。

断っておくが、酒を飲んで気持ちをつかもうなどと思ってはいけない。

いつも申し上げるように、職場酒は非効率がすぎてダメだ。

そうでなく、毎日、毎時間、あなたは大衆の心をつかむようにまわりに気を配る。お茶を入れてくれる新人がいれば、ありがとうと心から言うし、徹夜して報告書を仕上げてきたような若い奴のことは朝礼ででも、みんなの前で大げさに褒めてやる。靴をよく磨いてきた社員には、「光ってるね!」と、背中の1つも叩いてやる。

アメリカ人がよくやるのは、朝、出勤前にクリスピー・クリーム・ドーナツ(新宿でいつも行列のあの店)に寄って、ドライブスルーで自分のオフィスの人数分のドーナツをまとめ買いする。それをキッチンにおいておく。

アメリカ人は朝食にドーナツが出てくると、とても機嫌がよくなる。そして、差し入れてくれた人への恩はかなり長いこと覚えている。

あのクリスピー・クリームのドーナツ箱のロゴとあなたの印象が重なってくれれば、しめたものだ。

私の大家の法律事務所に、すぐに怒鳴り声を上げる弁護士が1人いるが、まさにこの理由から、彼は毎週木曜日の朝はまずベーグルショップに寄って、オフィスのみなさんにベーグルを差し入れる。

彼をさすがだと思うのは、自分の休暇中は秘書にベーグルの買い出しを指示している点だ。

私の場合はドーナツもいっぱい買ったが、日本の出張から帰るたびに「ポッキー」とか「コアラのマーチ」とか「カール」「かっぱえびせん」などのお菓子を持って帰ってオフィスのみんなに配った。

これらはアメリカの通常のスーパーでは買えない。つまり、オフィスのみんなは、日本人の私との交流がなければ一生口にすることのないこんなおいしいメイド・イン・ジャパンのお菓子と出会えて、私は「なんていい人！」になってしまった。

私の古巣でも、男子行員が夜の10時まで残業していると、しょっちゅう菓子パンをコンビニに買いに行って分けてくれた課長がいた。

課の違う私たちにもいっぱい食べさせてくれた（私は多忙で昼飯も取れないことが多かったので）。どんな美食よりもあのとき食べさせてもらったメロンパンよりうまい食べ物はこの世にない。

顧客対応に問題がある人で、ときどきクレームが支店長まで来たが、こんなとき、若手が一心にあの課長をかばっていた姿が今でも目に浮かぶ。

もちろん私も頼まれてもいないのに思いっきりかばった。

若手が束になって嘆願することで上司（支店長）が動かされてしまうのだからこんなにわかりやすい動かし方もない。

職場酒に行くのをやめれば、あなたのまわり、十数人分の菓子パンを買うことはなんでもないはずだ。

► ここでのPoint

► 正論を吐き続けることはあなたのスキルアップのためにとても大切なことだ。しかし正論だから組織が動くわけではない。

► 正論はどこにあるかと常に探し求めると同時に、「人を動かすには自分に何がいるか?」を考え続けなければならない。

► 50年間「若大将」をやっている人生の先輩に学ぶことは多い。

► ピンとこなければ、まずは職場酒をやめてその金でドーナツかベーグル、またはメロンパンを職場で配ろう。

上司を動かすテクニック

13 「アクションリスト贈呈作戦」で上司の門番になる

人の備忘録の取り方は千差万別でじつに面白い。

手帳にすべてをつける方針なのに、ファミリーイベントについては別途、家にあるカレンダーに書き込んでいる人。

あるいは、備忘録だけを取りまとめた大学ノートを使っている人もいる。

スケジュール管理は、今のアメリカではスマホを使っての管理がトレンドになってきているが、すべてをモバイルツール1つで済ませられる人はまずいない。

⇩つまり、「見るべきところ」は1つではないというのが個々人の案件管理の現実であり限界なのだ。だからこそ、メモ術やノート術というのが毎年掃いて捨てるほど出版され、読者はいつも裏切られている。

それはそれで個人の問題だからいいが、さて、これが組織の問題になったとき、それを管理する人の苦労といったら並大抵ではないはずである。

そこに、上司を操縦するもう1つのヒントがある。

では、上司には管理上のどんな「不安」があるだろうか？

■まず、以前指示したことを相手が忘れていないかどうかは、まったくこちらのコントロールがきかない。

■それから、指示した期限がちゃんと伝わっているかどうかも、ミーティングを終えたあとはコントロールがきかない。

■また、こちらが忘れてしまうことを避けるために、こちらでも管理ツールを持っていなければならない。

■さらに、すべての管理事項に自分がかかわっているとは限らないので、自分の備忘録の中にあるものがすべてだとは限らないという不安、これもコントロールがきかない。

このように、上司という人の不安は際限がなく、そして混沌として、混乱していて普通である。

だからこそ、整理術とは本来あなたのためというより、上司のために書かれるべきである。

このいわば上司の不安と混乱の世界をあなたが引き受け、上司に代わって整理してやることの意義は、上司操縦の観点からとても大きい。

あなたが上司から勝ち取ろうと考えている「Buy-in」をラクにする。

私はパートナーと会計事務所を経営しているが、顧客との接点は、じつは具体的な企業会計実務でないことのほうが多い。

顧客が「自らの混乱」に悲鳴を上げて、「整理」を頼んでくるというご縁であることが思いのほか多いのだ。

混乱からの脱出願望は1つの立派なビジネスニーズであり、そしてあなたの上司もまったく同じニーズを持っている。

混乱を抱えていると、組織を動かす気力も萎えてくるのは理解できる。

そこであなたが「整理」をかって出るのだ。

それは上司にとってとてもありがたいことなので、あなたへの信頼が増す。

結果、あなたのやりたい仕事をやらせてくれる可能性が高まると同時に、上司はあなたにより大きなことを任せてくれるようになる。

➡混乱から解放してくれるのであれば、「喜んであなたに操縦されよう」と思う上司さえ出てくるだろう。人を使って仕事をするとは、一面におい

てこのくらい苦しいことだからだ。

次ページの表は、具体的に私が発案した、じつにシンプルなアクションリストだ。実際に私がお世話になっている複数のクライアントが利用している(本物は英語。中身は架空)。

あなたの職場ではこの管理表を、**あなたがあなたの上司のために作って差し上げるのだ。**

この表の作り方とそのメリットについて説明しよう。

ここのアメリカ人社員は、優秀な人たちばかりだが、社長から見て「指示されたことをやっているのかやっていないのか、よく見えない」ので、それが経営者の大きなストレスになっていた。

まさに混乱である。

大事なことはポケットを１つにするという原則だ。

つまり、ここさえ見れば、すべてのフォローしなければならない問題がここに入っているという状態にしておくことが大切なのだ。

“長野流”案件採番帳兼管理表

	部長	課長	係長
日付			
回覧印			

案件番号	日付	案件名	担当	管理職	期限(当初設定)	延長後期限	状況／結果	完了日
A6-2	11/7	在庫計画の見直し立案（納品率をやり直す）	青山	富田	12/10/11	5/31	輸送配送計画との整合性が取れず、物流部との調整をする。	
A14-2	11/6	標準作業手順書の改善案作成	大宅	木下	11/6/11	5/31	人員配置や生産数量などの他社との比較は終了。ただし、バランス効率指数が悪化しているので、抜本的に見直すことにした。	
A15-1	2/5	民事再生中のR社への出向者の引き揚げ計画	末次	川上	9/30/12		再生計画が計画どおり運用されておらず、同社からの完全撤退を検討のうえ、稟議起案するもの。	
A15-2	2/5	不採算部門の再生計画策定	吉田	堀田	6/30/12		経費の見直しによるコスト削減努力中。支払い家賃が高額で圧迫している。支店の所在地移動を検討中。	
A23	9/13	V社の営業権譲渡のデューデリジェンス	角田	秋山	10/30/11	4/18	黒川弁護士と本間会計士を中心に、タスクチームが形成された。子会社取引が入り組んでおり、なおしばらく時間がかかる見込み。	
A32	9/17	玉川経営企画部長の後任リクルート	牛山	牟田	10/29/11	5/1	玉川部長の病状は回復せず、本人の辞職の意思固い。ついては、エグゼクティブ・サーチとの契約を進め、リクルート活動中。まだ面接者は3名にとどまっており、最終面接推薦者はいない。	

【読者への注】

採番帳と管理表を兼ねているのは、番号管理を徹底するために番号は管理者にとらせることにしているため。

これは実際のところマイクロソフト・エクセルを使っている。本来的には、これをデータベースとして、グループウェアで運用するのが理想だが、上司のためのポケットという目標であれば、エクセルのほうが表の見せ方を自分の自由に変えられてかえってベター。

案件番号が飛び石になっているのは、済んだものを別タブに移行させ、上司の脳みその中から消し込んでラクになってもらうため。完了したら完了日を入れて、数週間残してから別タブに移行。

あくまでも脳みそのポケットなので、いろいろ追記したい項目はあるだろうが、この程度に簡略化させるのが長続きの秘訣。

私のまわりにはよくモノをなくす人がいる。

しかも、通帳など大事なものに限ってなくす。

この人を長いことじっと観察していてわかったことだが、モノをなくすのは几帳面だとか整理整頓が上手だとかということとは直接関係がない。ポケットを作りすぎるのだ。

大事なものだから奥のポケットにしまい、さらに大事なものだから、特別のポケットにしまい、また、あっちのポケットとはほぼ内容が一緒だが、あとになってすぐ見られるようにと、その隣のポケットにしまい、さらには、あと10年見ることはないと思うが捨てられないものなので永久ポケットを作り、はたまたお客さまに関係のあるものはお客さまポケットに入れて、身内に関係あるもののうち、社員ポケットとパートさんポケットとアルバイトポケットに分けて入れる……。

このように、ポケットが多くなると、どこにしまっておいたかがわからなくなる。すると、調べるポケットの数が増えすぎてそれで探す気力が萎えてきてしまうというのが、モノをなくす人の心理だ。

上司の場合、案件管理について部下によって勝手にいろいろなポケットを作られてしまうので、この探し物をするところから腐ってくることが多い。

自分のものを探すのなら我慢もするが、これはある意味で他人のものを他人のために探してやっているような気分だ。だから腐るのだ。

こんなとき、あなたが上司のポケットを整理してやり、1つのポケットにまとめてやると、これはとても上司という人の心の平和をもたらす。

私自身、その使用前と使用後を見ているから、その職場のトップの人のストレス度合いが大きく変わったのを実感している。

この人は、普段は手ぶらで会議に出ていたのが、今ではこのリストを肌身離さず持ち歩いている。

そんな目撃はコンサルタント冥利に尽きる。さらにこの私の手法は、今では日本の親会社（上場会社）の執行役員会議にまで使われるようになっているので本当に嬉しい。

実際、管理者のストレスがたまるのは、ほとんどの場合、管理する項目のボリュームによってではない。

➡問題がどこに整理されているかわからない、それを探すところから始めるというのが、一番のストレスなのだ。

言い換えると、ここさえ見ればいいというものがあれば、あとはどれだけボリュームがあったところで、たかが知れている。

だからあなたは、確実にこれがアップデートされるように、管理責任者としてこれを追っかけてやるのだ。

そこまでやれば、もうあなたは上司にとっての欠かせない鎮痛剤となる。すぐに上司は中毒症状を起こし、**あなたは上司の精神安定になくてはならない存在になる。**

あなたが提案するたいていのことには、尻尾を振って「ＹＥＳ」と言うだろう。

この手法を高度に活用する４つのポイントがあるので読者に披露しておきたい。

①「ここだけ」のルールを守る

くり返すが、ここ以外に管理アイテムを載せないこと。

今は、電子メールが便利なだけに、人情に任せておくと、ほっとけば、メールで報告をしたりしてこの行動管理表をすっ飛ばす動きがある。誰の心にもそういう誘惑が入り込む隙がある。

ましてや今は携帯メールの時代なのだ。

そこをぐっとおさえて、確実に行動管理表に載せてもらうようにする。メールをしてはいけないわけではもちろんないが、行動管理表を省略するのはいけないのだというルールの徹底だ。

②管理表の回覧

次に、この管理表そのものを回覧させることの意義だ。

管理表は、あなたが作る上司のためのポケットだ。しかしそれが管理されているという共通認識をたえず職場に流していないと管理者も被管理者も意識が薄くなる。

閻魔帳のための人事管理とは違い、業務管理とは、管理する意識の薄くなった管理は管理としてすでに失敗しているというのが持論だ。みんなでデータを更新し、みんなで「1つひとつ塗りつぶしていく」という意識を持たせるためにも管理表の回覧は絶対に必要だ。

私のクライアントは、管理表を塗りつぶすための会議を設けているほどだ。

③期限なくして中身なしの原則

また、期限管理の重要性を職場に叩き込んでおく必要がある。

部下が平気で期限を破るような場合、すでに管理が舐められている。ときどき中身重視か期限重視かという意味のない議論をくり広げる職場に遭遇するが、期限の重視されないところでどんないい仕事をしても無意味だというのが私の信念だ。

私の信念はそれとして、あなたがそれに同意してくれる場合、それをどうやって同僚や後輩にも実践させるか、である。

それには罪と罰の組み合わせが不可欠である。具体的には、私はこのクライアントに対しては「罰金方式」を勧めた。それを原資にして、どこかで従業員に「金曜日のピザ」でも買ってやろうというのが趣旨だったが、「職場倫理として不適切」だという教科書的な抵抗にあった。

そんなときだけコンプライアンスをいいように持ち出すのに私は反感を覚えたが、タバコ代程度でも従業員から罰金を取るのが労働法に抵触するのはごもっともではある。

したがって、次の提案は「期限遅延リスト」の作成だった。これを私は「怠慢リスト」と呼んでいる。つまり、期限を超過させたものは怠慢リストに移行させる。これによって恥をかいてもらい、反省してもらうことを狙う。

と同時に、怠慢リストは管理者だけにしか見えないようにする。だから怠慢者は自分の怠慢項目が（通常の管理リストから消えてしまうので）自分の目からも見えなくなるという「不安」を抱え、管理者にだけその怠慢項目が見えるという怖い思いをしてもらうことになる。

みんな、怠慢になるのは誰かがまた「注意してくれる」という甘えから来ていると断じて差し支えない。だから、怠慢リストに移行したら、誰も注意してくれず、人事閻魔帳の罰点リストに直結というくらいにして脅してやればいいのだ。

④期限前の延長申請には柔軟に

最後に、期限管理に最重要プライオリティをおく一方で、期限前の延長申請については柔軟に認めてやる必要があるということだ。

具体的には、案件の中身によって、どうしても期限を延ばさねばならないものについては、理由をつけたら自己申告でどんどん期限を延ばしてやる。

大事なことは、ポケットをきれいに使うことである。

言い換えれば、ポケットを汚す行為（期限超過）に厳しく対処するということである。

だから、期限前の延長申請については柔軟に認めてやるべきなのだ。

▶ここでのPoint

▶ここでは今までとちょっと違って、あなたが上司の精神安定剤になり、「上司があなたを手放せなくなる」アプローチで操縦してしまう。

▶その目的でいく場合に心しておかねばならないのは、どこまでいっても「閲覧者の心地よさ」に視点を置くことだ。

▶あなたにとってロジカルで説得力のある資料や分析も、閲覧者が心地よく思わなければ意味がない。なぜといって、あなたは精神安定剤になるのだから——。

14 レーガン大統領を動かした「中曽根ソーリの演出術」

さて、上司を動かすためにあなたは上司のための参謀になることを理解した。
しかし本書の読者の場合は、普通にやっていては単に動かない組織だというだけではなく、仕事そのものが回らないという危機感の中にいるから、よほど戦略的なことを考えなければならない。

その「戦略的」とは、ほかでもない、あなた自身に対するあなたの戦略だ。

あなたがこれだけ声高らかに熱意を持って仕事を進めていこうとしているのに、上司が呼応しないことは誠に残念だ。

しかし、説得するあなた自身が今よりもさらに説得力を持った参謀であれば、動かない上司も、もしかしたら動くかもしれない。

本書は基本的にはぼんくら上司の操縦という、部下が（本音のところで）高みに立っている前提で話を進めている。

とはいえ、「謙虚な姿勢がなくていい」とは私は言わない。

そこで、あなた自身の説得力を増す戦略の具体的なアクションプランを提示しよう。

意外かもしれないが、それは「充電」だ。

まず、あなた自身が、出世と充電の関係をよく考えなくてはならない。

みんな、出世のレースの中にいるだろうから、そのレースでちょっとでも寄り道するのは怖いことだ。だが、くり返すが、組織とあなた自身のために、充電は必要だ。

総理大臣としては、歴代6番目の長期政権を誇った中曽根康弘氏の充電術は参考になるかもしれない(『時代の証言者〈2〉戦後政治 中曽根康弘』読売新聞社、2005参照)。

鳩山内閣が終わったあとの総裁選で、中曽根氏は票集めに大活躍することになる。

ところが親しい朝日新聞の記者から、「総理大臣になりたかったら10年は役職につくな(=充電しろ)」と中曽根氏は言われる。

いろいろ話すうちに説得され、中曽根氏は総裁選にもっとも貢献した人物でありながら、自らは党の役員や大臣などの役職につかずに、さまざまなところへ視察に行き、勉強をしたという。

たとえばアメリカへ憲法調査に行き、ロバート・ケネディ(ケネディ大統領の弟)に会ったり、キューバのカストロ議長に会ったりしている。彼は世界の核戦争になったかもしれない、あのキューバ危機の緊張関係を自分の目で見ている。

またそんな縁で、ロバート・ケネディを日本に招待すると、今度はケネディ流のブレーンの作り方にヒントを得て、自分のブレーン作りの仕方を考える。充電中なのだから、遠く遠く、自分が総理大臣になれる日までの戦略工程を練ったわけだ。

中曽根氏は、読書会というのを開くことにした。そこには読売新聞の渡邉恒雄氏や日本テレビの氏家齊一郎氏などが集まり、彼が言うところの「ナカソネ・マシン」(センスのないネーミングではあるが）というブレーン集団ができる。

彼が役職を得ながら、このようなことができたかどうかは、過去に戻れないのでなんとも言えないが、中曽根氏はこの充電の効用を強く主張している。

中曽根氏のブレーンはこのほかにも、竹村健一氏ら著名人がいろいろいるが、中でも異色なのは演出家の浅利慶太氏だ。

小泉純一郎首相とブッシュ大統領の関係と並び比較されるのが、中曽根首相とレーガン大統領の関係だ。

中曽根氏は、田舎にある自分の別荘である「日の出山荘」にレーガン夫妻をもてなし、そこで外交上の大成功をもたらす。

私はカリフォルニア州にあるレーガン大統領博物館に行ったことがあるが、レーガンの対日外交の様子を示した写真パネルがあった。唯一、1枚だけだ。

その1枚とは、その「日の出山荘」の写真だった。

日の出山荘で、ワイシャツ・ネクタイの上にちゃんちゃんこを着て、囲炉裏を囲み、和洋折衷でナカソネと談笑しているレーガンはじつにくつろいで見えるし、ナカソネも楽しそうだ。

当時のあの写真は日米新時代の象徴のようで、覚えている日本人も多いはずだ。日の出山荘旅行は外務省が反対したらしいが、押し切った中曽根氏の勝利だ。

この話には、「ところで……」がつく。

実際の日の出山荘は、じつは、あそこまで超田舎風ではなかった。中曽根氏は浅利氏に日の出山荘外交を相談した。浅利氏はそれに賛成し、彼が行灯《あんどん》や屏風を彼の劇団から持ってきて貸してくれたのだという。

つまり、浅利流の演出がとても効いていたわけだ。

このように、あなたも充電の問題とブレーンの問題を深く考えたほうがいい。

読書会というのは大きなきっかけになろう。

私の古巣では、新人から3年目くらいを対象に、「背広ゼミ」というものがあった。社会人になっても勉強をやめないようにと、会社が第一線の教授や専門家に夜のゼミを持たせ、そこに社員が出かけていく。

十数人くらいの少人数だったので、まさに読書会に近い雰囲気で、大変にためになった。単に知識を詰め込むだけであれば、何もみんなで勉強する意味はないのだが、同期を中心にそこで人の輪ができるのは、やはりブレーン作りという意味では効果がある。

銀行員出身の作家の江上剛氏も、総会屋事件で混迷する第一勧業銀行を立て直すために奔走したという話ばかりがクローズアップされるが、深酒派だった彼は銀行員時代に思い立って、夜は一次会までと決め、あとの時間を地域サークルや勉強会にあてていたという（銀行の企画や総務、人事畑を歩いた本部職員が一次会で引き揚げるというのはよっぽどの決心がないとできないはずだ）。

銀行員時代を振り返り、「人」が最大の財産だったと言う彼は、そこでの人脈こそ自分にとって（利害関係がないから）本当に「プラスの人脈」ということだと主張する。

作家生活に入ってから、彼の取材を支援してくれるような人脈は、ここから来ているという。

会社に対して、外からのいろいろな知恵を投げかけてみたいあなた。あなたもあなたの読書会をやってみるつもりはないだろうか？

►ここでの Point

► 上司を動かすとき嘘はいけない。

► しかし演出はいい。

► テレビのドキュメンタリー番組でもエンドクレジットを見ていれば、「演出」を担当している人の名前が出るだろう。

► ときどきアホなディレクターが「やらせ」をやってクビになるが、やらせと演出は違う。演出こそが人を正しい方向に行くように説得することだってある。

コーヒーブレーク

渋谷系ITベンチャーを動かした孫正義氏

第3章で、「大衆の心をつかむ」ことについて述べたが、それは「何をつかむか」というだけでなく、「どう表現してつかむか」ということが同じくらい大事だ。そういう話をしてみたい。

たとえば、ソフトバンクの孫正義氏は、インターネットバブルの華々しき2000年2月2日、ITベンチャーたちのフォーラムにダボス会議（世界経済の要人会議）から駆けつけた。場所はあの六本木の巨大なディスコ、ヴェルファーレだ。

当時はIPOとは超優良企業のためだけのものと思われていたものが「君にもできる！」という時代に変わり始めた頃だった。

孫氏は、ITベンチャーへの投資を本業とするソフトバンク・インベストメントという子会社を中心に、若者のITベンチャーへの投資や提携に精を出していた。だから孫氏は、自分の出資を大衆がポジティブに受け止める下地を作っておく必要があった。そういう時代だった。

そこで孫氏はフォーラムにビジターで駆けつける。当然ながら壇上に引っ張り上げられると「ダボス会議から急遽参加しました。飛行機が満席だったので、チャーター便を使って駆けつけました」と言って、大喝采を浴びた。

その頃は、私も渋谷を中心としたビットバレーと称するITベンチャーたちのメーリングリストをアメリカで見ていたので、この「チャーター便」というのが象徴的にメーリングリストのそこここで語られるのを見て「なるほど」と膝を打った。

彼は大衆の心をつかんだのだ。

当時は同時多発テロ（9・11）の前だったから、飛行機のコードシェア便といった発想は珍しく、今と違ってジャンボ旅客機は空席がたくさんあってあたりまえの時代だった（そもそもジャンボは7割から8割席を埋めれば黒字になる）。しかも、ファーストクラスはいつも空きがあって当然だった。

それにもかかわらず、孫氏は「チャーター便」を使った。

あの頃は、あるプロジェクトで私も毎月日米を飛行機で往復していたから、満席などということがめったにないことを体験的に知っている（もちろん、ダボスはスイスなので日米事情を簡単にはあてはめられないが）。

孫氏は当時からチャーター便をよく使っていたようなので、そもそもチャーター便は孫氏にとってどうということはないものだったのだろう。

だから、「満席だった」というのは孫氏の方便だったと推測しても外れではないだろう。ポイントは、それだけ彼は大衆の心のつかみ方をよく心得ていたということだ。

前出、中曽根元首相にしても面白いエピソードがある。

彼は総理大臣に就任してすぐに訪韓し、全斗煥大統領の晩餐会に呼ばれている。

ここで歴史上初めて、日本の首相がいきなり韓国語でスピーチを始めた。

中曽根氏はよく英語でスピーチをしていたから、英語が達者なのは知られていたが、韓国語は知らなかったはずだ。

彼は約1年かけてトレーニングしていたという。

会場は息を呑むような雰囲気に変わり、涙ぐんだ人も出たという。つまり、それだけ、大衆の心をつかむやり方を心得ていたということだ。

蛇足ながら、その晩は全斗煥大統領と2人だけで飲み、カラオケもやったという。

第4章

動かして、追い込んだ上司からキー《Buy-in》をもらって仕事を回せ

極上の追い込みとは「寸止め」である。

あなたは戦略を立て、それに従って上司の無防備につけ込み、正面突破ではなく、サイドアタックを敢行した。もはや上司はあなたの意のまま、となったかもしれない。

ちょっと待った。

なるほど上司は灰汁《アク》抜きがされたが、しかし、害がなければそれでいいのか？

追い込みを寸止めにし、上司までもこちら側につければ、
あなたは失敗することさえ恐れずにダイナミックな仕事を回していけるのではないか。

それを人はビジネスの醍醐味という。

上司を動かすテクニック

15

「時系列表を囲む」、ファシリテーター術

あなたは戦略を立て、この本で紹介してきたテクニックを駆使し、なんとか上司を動かした。

その結果、組織としてあなたが正しいと考える方向に向かって、アクションを起こせそうになった。

だが、それが不発に終わっては、あなたが苦労して上司にかけてきた「ソフトリーダーシップ」が無駄になってしまう。

そうならないためにもあなたは、「仕事をうまく回す」テクニックまで身につけておか

ねばならない。

くどいようだが、ここで念を押しておきたい。

あなたの目的は「上司を動かすことそのもの」ではない。「上司を動かして会社のために働かせること」だ。

なぜといって、結果が出なくて責められるのは結局あなただからだ。

第4章ではそのダメ押しのテクニックを解説したい。

上司はあなたが刺しておいた「褒め」の〝釘〟や上司の「心象風景との同化」、あるいは「数字や顧客の目」に押されたり、「言質」を取られたり、「あなたの（鎮痛剤としての）効用」に中毒になるなどして、あなたに動かされ、やがて追い込まれていく。

しかし、追い込まれていくその最中も無抵抗なわけではない。

追い込まれていくその行方が見えなかったり、目隠し状態で連れていかれるとき、上司は理屈もロジックも放り出して抵抗をするはずだ。

だから、あなたは連れていく方向を見せてやるべきだ。それは相手に「安心」を提供することになるから、より動かしやすくなる。

そのための具体的な「コミュニケーション手法」には、ポイントがいくつかある。

会議の現場や、どんな場面でもいいが、「相談」というものを思い浮かべてみてほしい。多くの場合われわれは、問題の列挙、その分析、それを解決するためのソリューションとそのオプション、そしてそのオプションの長所短所の分析――こんなところを、年がら年中話し合っている。

もちろんこんなことすらできてないという職場であるのなら、あなたのリーダーシップがますます求められるわけだ。


ところが、それだけ話したにもかかわらず、それでも、「相談」の結果がなんだったのかよくわからないことがある。

会議が終わったときのみんなの目の輝きや、納得したような口元がやたらと記憶に残っているのに、それにもかかわらず、いっこうに問題が解決されない、あるいはそのアクションが取られないことに、イライラした経験はないだろうか？

これは、やるべきことが全部、聞き手の脳みその中でいっしょくたになってしまっていることによる。

いっしょくたになっているということは、どこから手をつけていいかわからないということである。

わからなければ、あなたの上司はやはり動かないし、動けない。

あなたに聞くのも恥ずかしいか、面倒くさい。

➡これを予防するには、最初から時系列で全体の見取り図を描いて見せてやる必要がある。

時系列の線を1本横に引いて、こうするとああなるから、次にはこうして、それをいつまでにやって、するとこの時期にこうなってくる——という、あなた流の予想図を、1つひとつ書き込みをしながら見せてやることだ。

「ここまでしなければならないのか」と思うかもしれないが、私の経験上、**時系列を見せることの効果はとても高い。**

特に、ブレーンストーミングなんかをするときには素晴らしい効果を発揮する。

大きな模造紙かホワイトボードにこの時系列を書いていくと、あなたのブレーンたちがあなたの考えの足りないところを具体的に指摘してくれるし、「そもそも時間の余裕がなさ過ぎる」などの大事な指摘も、手をつける前から出てくる。

このようにすればいいのだ。

今ふうに言えば、あなたはファシリテーターの役割という重要な責務を負っているわけだ。

ファシリテーターが適切な大きさの会議室を選び、そこに模造紙を用意させ、マジックの色まで確保し、そしてこういうものを書かせる。

時系列の表はもちろんあなたが書いてもいいし、部下に書かせてもいい。

なによりも組織、チームとして、その時系列を囲みながらいろいろ意見が言えるような環境に持ち込むことがあなたの使命だ。

この、「時系列を囲む」という感覚が大事だ。

囲炉裏を囲む。こたつを囲む。あの感覚――全員で参加する物理的な環境が大切なのだ。

これを他人にやらせると、パワーポイントか何かで始めてしまう。しかしパワーポイントは普通スクリーンで見るから、囲むことはできない。

パワーポイントで時系列の表を見せられても、時系列への書き込み、消し込みはできないから、あなたの会議は必ず失敗する。

アマゾンジャパンの社長、香港出身のジャスパー・チャン氏は、「アマゾンでの会議ではいっさいパワーポイントを使わない」と言っている。

また、飲み会によるコミュニケーションなどいっさいしない一方で、本社が米国なのでテレビ会議をふんだんに使っているという。

お気づきのように、時系列を「囲む」ということは、精緻な工程表を作ることとはまったく違う。工程表はそのプロジェクトをやることが決まってから、それをいかにやるかというプロジェクトマネジメントのツールだが、ここではブレーンストーミングのための知恵の出し合いで使っているからだ。

だから、工程表のようなしっかりした枠組みにはなじまないし、思考がなじんでいかないと意見も出てこない。

あくまで自由なスタイルでいいから、時系列を「囲む」ことだ。

► ここでのPoint

► パワーポイントは素晴らしいアプリケーションだが、「使われすぎる」という点で逆説的な難がある。

► 上司を動かし、仕事を回すには時系列で確認し合わないと組織は動かない。

► 時系列を囲もう。

► 模造紙のまわりに立って取り囲むくらいがいい。

上司を動かすテクニック

16

立ち消えプロジェクトを防ぐ「玉をまずは1回転」

次に大事なのが、「ネクストステップ」の確認である。

「ネクストステップは時系列の一部だから、前項の『時系列表を囲む術』とダブりじゃないか」と指摘したあなた、それはそのとおり！　さすがである。

ところが、経験上、ここだけはダブりをあえてやっておく必要性を主張したい。

人間、誰しもモメンタム（慣性の法則）が大事である。

つまり、「走るためのきっかけ」だ。

時系列を見たあとだと、これで全体像がわかった気になって安心する（これが『時系列表を囲む術』の欠点でもある）。

しかし、安心がスピードを緩めてしまうことがある。

だから、ネクストステップ、つまり次に何をやるかを明確にし、その担当者や責任者をきちんと決めるのだ。

そしてそれを、アクションリスト（前述）に落とし込む。

これで、大きな「玉」が前に転がっていくのだ。

前項の「時系列表を囲む術」によってすでに、具体的に転がるイメージを全員が共有しているから、いったん回転が始まるとあとはスムーズだ。

何か改革を起こしたり、大きなプロジェクトを進めたりするときには、社員も「そんなことが本当にできるのか？」「それとも会議だけで終わるのか？」と、常に懐疑的でいる。

あなたにも記憶がないだろうか？

「今後はこうする」なんて上司は怒鳴ったくせに、もう1週間後にはそんなことはきれいに忘れられている。

それは途中で放置された進捗の棒グラフだったり、管理表だったり……。

➡あなたの職場の壁には、「立ち消え」プロジェクトの模造紙が、黄色く褪せてはがれかけていないか？

あるいは、あなたの同僚のプロジェクトリーダーが「こういうキャンペーンを始める」と言った。

そのために、「まず情報収集だ」などと勢い込んだ。

決起集会の寿司も食った。

しかし、情報収集なんていったものの、何回かアンケートを取ったり、飯を食ったりしたのは知っているが、いっこうに玉は転がらず、今では誰も口にしなくなった。

……こんなことはあなたの会社にはなかっただろうか？

私の会社にはありすぎるほどあった。

だからみんなは懐疑的になる。

そして、どうせ立ち消えになるプロジェクトなら、やっているふりをして、最大限、労力を惜しんでおこうと思うのが忙しいサラリーマンの人情である。

なぜといって、立ち消えのプロジェクトは人事評価にプラスにならないからだ。

当然、**何もしないあなたの上司も、立ち消えプロジェクトにはなるべく関与していなかったというポーズを取りたがるはずだ。**

これではあなたの職場には永遠に何も起こらない。

じつはこの現象は、それほど深い理由で立ち消えたわけではないことが多い。

時系列を見て、その仕事の意義性を認識しながらも、**ネクストステップが確認されていないことから、つい日常の雑用に追われてしまう**といった、じつに人間的な理由だ。

➡だからあなたは「ネクストステップ」を常にビジュアルで表現して、「ああ、この人は本当にやるつもりなんだな」と、玉が転がっていくことを予感

させてやらねばならない。

玉を転がすふりをさせるのではなく、「自分も玉転がし競争に加わらなければ」と思わせる必要性があるのだ。

玉はまず1回転させる。1回転すれば2回転目を見定める。

ゴールだけしか見ていないチームが玉転がし競争で勝てたことはない。

あなたの上司も、玉が転がり始めれば「何もしない」というわけにはいかなくなる。

もし上司が経営会議やら役員会議などでその案件の説明を怠っていたりしても、あなたは「例の件ですが、どうして部長は経営会議に諮ってくださらないのですか？」と突っかかる必要はまったくない。

「時系列表」で予定された次の会議の席で、「ええっと、例の件ですが、昨日までに部長にご出馬いただいて経営会議に本件を諮っていただくということになっていましたが、どのような結果だったでしょうか？」と、さりげなく時系列表に目をやりながら、しらじらしく話せばよい。そして、さりげなくこれを上司にやるためにも、くり返しになるが、時系列はモノ（紙）としてその場に座していることが大切。決してパワーポイントで示してはいけない。パワポでやると、それは上司に対する意地悪と取られる。

根性上司だろうが重箱上司だろうが、軟弱上司だろうが関係ない。**時系列を囲み、玉転がしの現場にいたわけだから、居直る上司は誰もいまい。**

「すまん、ちょっとタイミングを逸してな……」などと苦笑いして謝るはずである。

そして、必ずこう続けるだろう。

「次回は第1の議題で協議してもらうから。悪い、悪い」

くどいようだが、ここでもあなたが上司を追い込むのではない。転がる玉が上司を追い込むのだ。

▶ここでの Point

▶上司を動かし、追い込んでキーを手に入れたものの、万が一プロジェクトを「立ち消え」にさせたらあなたの信頼はそれで「The End」だ。失敗は悪くないし、遅延もあるだろう。

▶しかし立ち消えは二度とあなたにやりたい仕事をさせないようになる。

▶そのためには、任せていい仕事も、「玉の1回転」はまず、あなたが責任を持って確かめることだ。

上司を動かすテクニック

17

ディテールを科学しろ！できなければフリをしろ!!

とてつもないアメリカの大ボスさえもディテールの迫力で追い込んだ日本人ビジネスマンの例をもって、「科学」の見せ方の工夫を考えてみたい。

日本マクドナルドの創業者、故・藤田田《でん》氏は、じつはご本人はきつねうどんが大好物だったと自著に記している（『Den Fujitaの商法』ＫＫベストセラーズ、１９９９）。なので、日本にハンバーガーを持ち込んだハンバーガーの父は、日本マクドナルドの成功を常にうどん屋と比較していて面白い。

彼のカリスマぶりはさまざまに伝えられているが、しかし社長だから好き勝手ができるわけではない。

日本マクドナルドは、藤田氏が50％、本家のアメリカのマクドナルド本社が50％の出資で船出（1971年）しているので、発言権は絶対ではない。

この手のフランチャイズのエリア権を売る英文契約は、日本人が驚くほど細かくその商品やオペレーション、広告宣伝法、営業日、営業時間などについて取り決めがしてあるのが普通だ。私のコンサルティングの経験から言って間違いない。

だから、本家アメリカ本社のがんじがらめの規制の中で「藤田田対アメリカ本社の交渉」がスタートしたと想像するのがまっとうである。

ところが、藤田氏は商売にとってもっとも大事な「呼称」からして大ボスに反発した。マクドナルドとは英語の発音によれば、たしかに「マクダーナルズ」と呼ばせるのがカタカナ表記としてはもっともオリジナルに近い。**しかし藤田氏は、ディテールにこだわり、「マクドナルド」と表記することを主張して譲らなかった。**

彼はこう言う。

「日本語というのは、三音か五音か七音で成立している。三音か五音か七音で音が切れない〝マクダーナルズ〟では、日本人には受けない。日本で事業をしたいのなら、三音で切れる〝マクド／ナルド〟にすべきだ」

私は日本語がそういう音節で成立しているのだとは知らなかったが、しかし藤田氏の言わんとすることはなんとなくわかる。

しかし、ここである。

もし私が当時の藤田氏の立場にあって、「大ボスよ、日本のことは日本人のおれに聞け。日本で売るなら〝マクド／ナルド〟にすべきだ」と言ったところで、あのマクドナルドが折れたとはとても思えない。

それを藤田氏は、日本語の言語学に入り込んで、そのディテールを科学したので、呼称などという「フランチャイズビジネスの核心たる部分」においてさえ相手を納得させ、キーを手渡させることに成功したのだ。

さらに藤田氏は漢字の仕組みを想起し、「マクドナルド」と「ハンバーガー」という2

つの新しい日本語が、漢字のへんとつくりのように組み合わせで覚えられ、不可分のものになるだろうという仮説に挑戦した。

これも大成功だったようで、人々は「マクドナルドのハンバーガー」と脳に刷り込んだ。結果、マクドナルドを真似て現れた国内同業者の店先でも、「ハンバーガーください」と言うべきところを「マクドナルドください」と多くの客が言ったという。

マクドナルドが40年たっても業界でトップを走っている理由の1つが、ここにあるのだろう。

このようにディテールを科学している態度は、上司のグリップを弱め、キーを明け渡すことに貢献する。上司が科学的アプローチを好きな場合にはなおさらである。

この大ボスの本家自身、まさにディテールに科学を重ねてきている。ハンバーガーと一緒に飲むコーラは摂氏4度が一番うまいと科学されていて、全世界のマクドナルドのコーラは摂氏4度に調整されているし、ハンバーガーのバンズの厚さも17ミリなのはそれが人間の口に一番おいしく感じられる厚さだと科学された結果であり、しかもパンの気泡の大きささえも科学されたものだ。

マクドナルドのカウンターの高さは「人間がポケットから金をもっとも出しやすいと科学された」92センチと決められているし、言うまでもなく肉の厚さや鉄板の厚さ、その温度と調理時間もすべて科学されているという徹底ぶりだ。

さらには、**マックシェイクのストローも、「母乳を飲むスピードを再現する」ように計算されているサイズだ！** 人間がもっともおいしいと感じる飲料行為のスピードは母乳を吸うそのスピードだと科学している。これには圧倒される。

このように大ボスが科学の集積で成功を収めているときに、部下がやはり科学の提案（言語学的アプローチ）を持ってきたわけだから、なるほど「めったに譲れないものも譲ってしまう」わけだ。

ハンバーガーと同じくファーストフードである駅の立ち食いきつねうどんは、ハンバーガーより１３００年も長い歴史を持っていても、そこに科学がないので日本マクドナルドに勝つことはできないと藤田氏は言っている。

つまり、うどんのつゆの温度や麺の厳密な太さを誰も科学していないから「勝てない」というわけだ。

↓ さてさて、である。藤田氏の成功物語を長野流に読み替えると、こういうふうになる。

藤田氏はたしかにディテールを科学したかどで大ボスを説得したかもしれない。しかし、それが本当の意味で科学的アプローチだったのかはこの自著には記されていない。あくまで藤田氏が日本語の科学とはそういうものだと主張しているだけである。

つまり、これは科学のフリなのだ。

じつはマクドナルド1号店は「銀座でもっとも人通りが多いとされる」銀座三越の1階に生まれたのだが、これは藤田氏が通行量調査を命じた結果ではない。

藤田氏が自社の社長室（新橋）から双眼鏡で銀座通りを眺めて「あそこが一番人通りが多いと踏んだ」からだ。それも銀座4丁目であればどこでもいいというのではなく、三越側でなくてはいけなくて、和光ビル側ではいけないと踏んだのだ。

もし科学的なアプローチを本当に取るならば、銀座通りのいくつかの拠点でアンケート調査をし、そこでの年齢や趣味、家族構成、嗜好などの標本調査からハンバーガーの売り上げが一番上がるように——目的変量という——重回帰分析を施せばよい。そしてその回帰方程式が母集団にもあてはまるかどうかを、分散分析という手法を用いて「検定」すればいい。もちろんこんなことは全部パソコン（エクセル）に任せればよい。

ところが、藤田氏はそんな科学はどうでもよかったのかもしれない。私が経営者でも、回帰分析より双眼鏡で見る通行人の歩き方、その服装、興味を惹かれるのはどんな店かという具体的な「眺め」を信じるだろう。

藤田氏は、従業員同士で「サンキュー」とか「○○プリーズ」とか英語をしゃべらせた張本人で、それは彼なりの日本人の英語への憧れを商売上でディスプレーさせてみた「勘の戦術」である。

一方で、マクドナルドの店内にいっさい星条旗やアメリカの地図を描かせなかったのは、微妙な国民感情を彼自身が慮《おもんぱか》って指示した「感性の商売」によるものである。

そのどれも科学的根拠はなく、あくまで藤田商法の哲学の赴くままだ。

このように、上司を動かし、キーを明け渡させるのには「科学」は大きな武器となるが、もし科学が入り込めなければそれは「科学のフリ」であっても十分なことがある。

ポイントは嘘だけはつかないこと——データの捏造だけはしないことだ。あなたにとっての科学は誰がどう思おうとあなたにとっての科学だが、しかし捏造はあなたも含めて誰にとっても捏造だ。

私も商売柄、「科学的マーケティング手法」だと主張されるプレゼンテーションを掃いて捨てるほど見せられてきたが、結局ビジネスの世界がつきあえる科学は「ある程度まで」で、そこから先は科学ではない。

➡なぜといって、科学は今日までの商売の理屈を裏書きしてくれることはあっても、明日の商売の解を出してはくれないことをみんな知っているからだ。

それでも、人間である。

「科学」には惹かれるのだ。

►ここでのPoint

- 上司を追い込んでキーを手に入れるときに、ディテールが科学されていると上司のグリップは緩む。しかし、科学といっても、すべてを科学することはしょせんできない。
- であれば、「勘」や「感性」の経営にBuy-inを得るためには、そのほかの部分でディテールを科学しておいたほうがいい。
- そして科学とはこの場合、いつもサイエンスである必要はなく、あなたに信念さえあれば科学であるフリをしても十分であることがある。
- われわれは結果に責任を負うのだ。であれば、あなたが夢を感じているプロジェクトを、科学の証明が足りないからとして上司を動かせないと諦めることがあってはならない。
- 「真実が証明されない」ということは「真実ではない」ということと同義ではない。

上司を動かすテクニック

18 カードの切り方ひとつで「勝ち」も「負け」もする

次に大事なのは、あなた自身に「目測力」があることだ。

これは、「落としどころ」をイメージするイメージ力のことにほかならない。

上司を操縦する以上、操縦の「始め」と「終わり」が見えているのは当然だが、そのどちらでもない「落としどころ」まで見ておく必要がある。

時系列でイベントを並べる以上、あなたは「ゴールの行方」と「その折衝の展開が現実世界ではどんなふうになるか」ということを、ビジュアル化しておかなければならない。

そのために必要なのは、まさにイメージ力にほかならない（まだ工程表のない、各部署のコミットメントのない世界だからだ)。

イメージ力があるということは、つまり物事が理想どおりには、あるいは思うようにはいかないという現実を、「最初からとらえておく」ということだと言い換えて差し支えない。

➡**だからこそ、「落としどころ」を十分に見据えることが大事になる。それが「目測力」である。**

この「落としどころ」は具体的に仕事を前に進めるときに、ものすごく重要なノウハウであることは間違いない。

仕事には、誰かの意見が100%正しいか正しくないかを誰かが裁判して進めるというようなプロセスはない。

仕事は上司という人がすべての責任を負うにしても、そこへの意見の上げ方、まとめ方は日常多くの人がそのプロセスの中で、多くの妥協をしているのだ。予算の問題があり、時間的余裕の問題があり、そのほかにも人材、許認可など、じつにさまざまな制約がある。

目測力は創造性とは違う。創造性が問題であれば、なかなかトレーニングしても身につかないかもしれない。

だが、あなたが養う目測力について言えば、**社内での「賛成」と「反対」「譲歩」のカードの切り方を具体的に考えるだけで、かなり確度の高い「落としどころ」が見えてくる。**

そして、操縦する上司を落ちつかせるにいい場所を見つけられるようになる。「落としどころ」をそんなふうにつかめば、あなたの操縦術は相当なものになる。

つかんだら「賛成」「反対」「譲歩」のカードをうまく切ろう。どんなに優秀な手持ちカードの内容であっても、カードの切り方を間違えると負けてしまう。

小泉政権の道路公団民営化のとき、民営化推進委員会の委員はみんなそれぞれ自分の正論をメディアなどに叩かれた。

しかし決定的に「負けて」しまったのは、最後まで「譲歩」カードを切らなかった委員だった（そこを指摘されてほかの委員の反発を食らい、辞任に追い込まれた）というのがわれわれに訓示を与えてくれる。

自分が１００％正しいと思う信念の強さは必要かつ立派だとしても、組織を動かそうと思った場合、「１００」を通そうとするとかえって「０」になる。

あなたの場合に置き換えて言えば、あなたがいつどこでどんなカードを切ったかを上司は覚えている。

あなたを支援してくれる部下も覚えている。

そのカードの切り方によっては、「ＮＯ」としかくり返さない上司も、どこかで「譲歩」カードを出さねばならないときがある。

であれば、どうでもいいような案件で立て続けに「ＮＯ」と言わせておいて、肝心な案件で「譲歩」を出さずにいられないようにリードするというやり方だってある。

このように、あなたが本当にあなたのやりたい仕事をし、そして、それが会社のためにベストだと信じるのであれば、目測力を持ち、落としどころを常に見定めることだ。

►ここでのPoint

- 上司を誘導するには、カードの切り方を間違えてはいけない。
- トランプで言えば、あなたが強いカードばかりを握っている（正論を有している）ことと、ポーカーに勝つこととは同義ではない。
- 仕事のキーを渡してもらうためにもあなたは「譲歩カード」を切り、そして「譲歩カード」を切っている姿をまわりに見せておかねばならない。
- 目測力を養成し、そのタイミングにも強くなろう。

上司を動かすテクニック

19 リスクを最小化して見せて操縦しやすくする

上司を無理にでも動かしてやりたい仕事をやる以上、**それがうまくいかなかったときの会社のリスクを最小化しておく仕組みをあなたは持っておくべきだ。**

これは、上司を説得するときに1つの武器になるばかりではなく、あなたと上司を失敗の傷からできるだけ守るための仕組みとなりえる。

具体的には、「変だ！」と気づいたときに軌道修正したり、傷が浅いうちに撤退したりするような、合理的な仕組みを持っておくということだ。

➡上司はあなたの仕事を白か黒かだけで判断しているとは限らず、そのリスクがどのような形で組織や上司個人に跳ね返ってくるかを、常に内心で計算している。

だから、このようなリスク最小化の仕組みは上司の判断を上方修正させる効果が期待できる。

具体的な施策として、「コンカレントマネジメント」というマネジメント方式を提案したい。

日本語に定着している英語とは思えないので、長野慶太流にはこれを、「ジャグラーの手さばき術」と、おちゃらけて言うことにする。

街で大道芸人がボールやらバトンやら輪っかやら、なんでもかんでも空中に投げて、地面に落ちないように手さばき忙しく動かしているあの芸だ。

いろんなプロジェクトを進めようというときに、1つひとつを片づけていったほうが効率的か、それとも、たくさんを同時並行的に少しずつやっていくのが効率的かという議論だ。

ジャグラーの手さばきのコンセプトは、これを少しずつやったほうがいいという考えだ。次頁の図で「シーケンシャル型プロセス（逐次型プロセス）」と「コンカレント型プロセス（ジャグラーの手さばき術）」の違いを確認してほしい。

たとえばＩＴ業界で、ソフトウエアの開発をやろうなどというときにはジャグラーの手さばき術はよく使われている。

ただし、あとにユニクロの例を持ってくるが、別にＩＴや技術開発でしか使えない方法ではまったくなく、新しいことを企画し、その仕事を動かしていきたいあなたには十分に参考にできる方法だ。

人間が１つのことばかりやっているときの集中力の継続の問題ということもあるだろうが、多くは、ジャグラーの手さばきの「回し」の中で、前の開発の失敗が施策段階でわかると、それを応用しようとした次の開発が途中で軌道修正できる合理的なメリットを持っている。

シーケンシャル型プロセス（逐次型プロセス）と
コンカレント型プロセス（ジャグラーの手さばき術）の違い

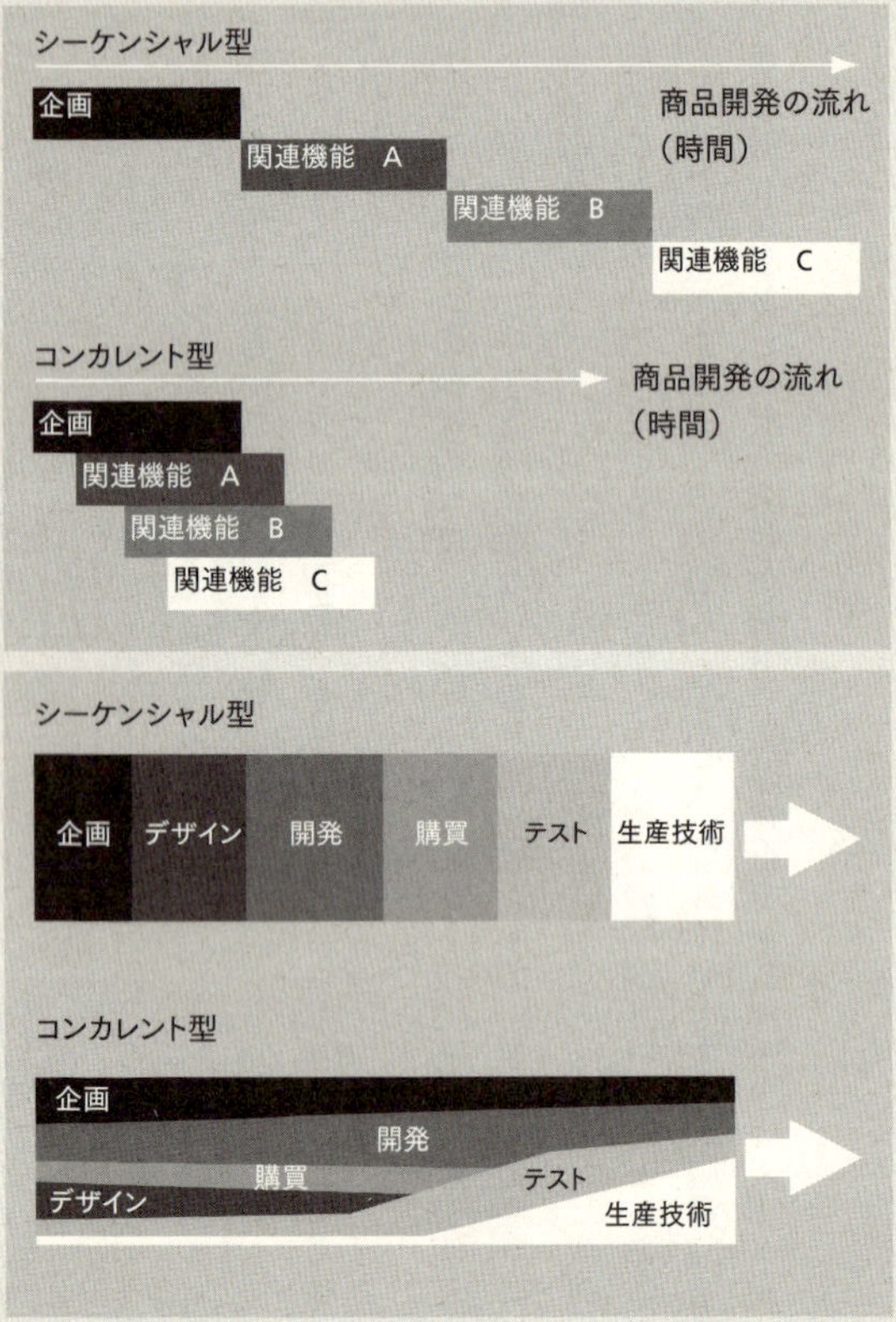

出典：延岡健太郎『MOT［技術経営］入門』（日本経済新聞出版社、2006）

➡つまり、失敗や不測の事態をほかの部署の軌道修正（場合によっては停止）にいち早く応用させることができる仕組みなのだ。

あなたの場合も、上司や部下を巻き込んで、ぜひジャグラーの手さばき術をやってみてほしい。

単に複数の案件を抱えるだけなら、あなたの職場でもすでに似たようなことを実行しているかもしれないが、そうではなく、図にあるように、**フェーズを少しずつずらすこと**に注目していただきたい。

これがジャグラーの手さばき術の秘訣だ。

私の経験から言うと、少しずつずらすことが効果を発揮するのは「**シャワールームシンキング**」だ。

日本で言えば風呂だが、人は風呂に入っている時間にかなりの割合で仕事のことを考えている。

そして、風呂に入っているときは、人間が一定の快感の中にいて、目に見えるわけではないが、アルファー波も出ているとするならば、その思考はかなり濃密で、いい発想が生まれていることが多い。

仕事が一直線で動いているとき、シャワールームシンキングも、その勢いに引っ張られてしまうので、先のことばかり考えることが多い。

それはそれで大事なのだが、シャワールームでは、いま中心になっている**案件以外のことを、強制的に考えるように努めてもらいたい**。たとえば「開発」で盛り上がっているときに、「購買」は大丈夫かと考えてみる。

それでハッとするようなことを思いついたらしめたもの。

もし、「円安になったら購買計画がうまくいかなくなる」と思いつけば、翌日会社でさっそくそれを議題にすればいい。

ジャグラーの手さばき術を駆使しているあなたには、考えるべきテーマはいつも複数ある。仕事にかかわるすべてのテーマが稼働中だから、シャワールームシンキングがどんな方向に展開してもそれがいっさい無駄にならない。

さらに言えば、ジャグラーの手さばき術であるがために、シャワーに入って熟慮を「一度、置いてみる」ということが逐次型（1つひとつを完成させてから連続させる）よりも頻繁にできることになる。

一晩頭を冷やして考えるという言い方でもいいし、英語で言えばこれを「sleep on it」という。

ま、なるほどそれに違いない。

人間は寝ている間は夢しか見ないが、寝る前のシャワーではモノを考えている。あなたのように熱意を持って仕事をする人間は、シャワーを浴びているときにはその日に一番気になっている仕事のことを考えていないか？

それをぜひとも反映させたいということだ。

➡「**うまくいくと思う仕事！**」とは、**本当にうまくいくまで仮説である。そして、このように仮説は常に検証されるべきで、間違っていたと思ったらすぐに破棄するくらいの柔軟性が必要だ。**

それがないと、仮説を言うことが「勇気のいる仕事」になってしまって、組織としてはじつにマイナスだ。

修正をするのにタイミングを逸してしまうと、根回しの仕方も違ってくるし、違う部署に与える迷惑や損害も大きくなる。

ユニクロの柳井正氏も自著の中で、社長経営のポイントは「失敗がいけないのではなく、失敗と判断したときにすぐ撤退できるかどうかだ」と主張している。

ユニクロは、１９９０年代終わりに、スポーツ医療専門のスポクロとファミリー衣料中心のファミクロを派生ブランドとして開発し、それぞれ専門店を出した。

「欲しいものをもっとたくさんの品揃えの中」から選んでもらおうという試みだ。

だが、結局、買いたいモノを手に入れるために複数のユニクロショップを訪れなければならないという——お客さまの手間を増やしただけだと消費者に受け止められてしまった。

つまりバラエティに富んだ分だけ利便性が落ちたということで、うまくいかなかった。

これを柳井氏はなんとたった1年で撤退させている。

柳井氏は実行しながら修正すればいい、つまり走りながら考えよと言っているのだ。

走りながら考えるということを一直線（逐次型プロセス）の企画・開発・実行でやってしまうととんでもないことになる。

たとえば、仮に前の図で、「テスト」のところでどうしようもない欠陥が見つかり、撤退するというときに、逐次型プロセスだとほぼこれまでの投資期間の8割を終えていることになる。

この時間と予算の無駄は悔やみきれない（それでも撤退するときには撤退せねばならないが）。

それに比べて、ジャグラーの手さばき術であると、素材テストを冒頭にやれば、撤退はすぐにできる。

走りながら考えるということは、走ってから次に移るまでに、実際はインターバルがあるのが本当の意味での走りながら考えるということなのだ。

柳井氏の自伝とも言える自著、『一勝九敗』（新潮社、２００３）のタイトルだけでもわかるように、組織を動かすときにはその負けからたくさんのことを組織として吸収できるようになりたい。

あるいはこのほうが早くから失敗を吸収して、それを各部門に反映させたり、各部門から協力を取り付けたりすることができる。

組織は縦割りが大前提である。そして縦割りが前提ということは、ほうっておけば新しい仕事の運営は逐次型プロセスになりがちである。

だからこそ、あなたは上司を操縦してできるだけ早い段階で各部署に出入りできる通行手形を手にし、多くの部署の代表を参加させる中で「時系列を囲む」ことがジャグラーの手さばき術で重要である。

会議では「ネクストステップ」の認識を共有化しながら、そしてあなた自身は目測力を発揮して、その落としどころや柳井氏のような撤退のしどころさえ見つめておく必要がある。

▶ここでのPoint

▶立ち消えは絶対にダメだと言ったが、失敗はいい。

▶そもそも失敗を恐れるくらいだったら、何も上司を動かさなくていい。

▶しかし、失敗もなりゆきとしての失敗でなく、目いっぱい「コントロールしたうえでの」失敗にしたい。ジャグラーの手さばき術で、9敗しても1勝で圧倒的な利益を組織にもたらせるように配慮したい。知恵の見せどころだ。

上司を動かすテクニック

20 スカイボックスマネジメントの勧め

ここまでいろいろな形で「全体像」の重要性を主張してきた。

動かない上司を抱えるあなたは、つい「動かない」案件ごとのストレスに目を奪われがちだと思う。

しかし、**あなたが上司以上に全体像を持たないと、それはたとえ上司の能力があなたよりはるかに低くても、上司はあなたに車の鍵を渡さないだろう。**

全体像を見ることを、私はときどき、**「スカイボックスマネジメント」**と言っている。

大リーグの多くの球場にはスカイボックスという豪奢な部屋がある。それはＶＩＰの専用個室であり、そこでパーティをしながら大リーグ観戦をするというのが、アメリカ人が憧れる最高の贅沢の１つだ。

ダルビッシュが活躍するテキサス・レンジャーズの本拠地、アーリントンのスタジアムを見学した際に、そこのオーナーのスカイボックスを見せてもらったことがある。

球場の中の一室とは思えないほどの広さ。グラウンドに面している部分はすべてガラス張りになっている。深い毛の絨毯に高級な家具、カクテルコーナーに加えて、グローブを巨大化させたデザインの革のソファーがある。私の体重より重いような大きなグローブに座らせてもらうと、野球を本当に愛する人のこだわりを感じた。

なるほどここここそオーナーの部屋だと思ったときに、野球の経営者の気持ちがわかった気がした。スカイボックスマネジメントなのだと思ったのである。

スカイボックスはバックネットなどと比べて臨場感があるわけではないが、球場の中でももっとも高い位置から見下ろすその俯瞰図的視野は１つの醍醐味だ。

全体像を見るというとき、**それはあれもこれもあなたが抱え込み、把握していなければ**

ならないという意味ではない。あたかもスカイボックスにいるがごとく、といった視野で見ていてほしいという意味だ。

2塁に出塁したランナーに牽制球を投げるとき、セカンドやショートの内野手は互いに寄ったり離れたり、1人が離れたと思ったら隙をついてベースに寄ったりをする。それをキャッチャーがマスク越しに眺めていてピッチャーにサインを出し、ピッチャーが瞬時に振り向いてボールを投げる。

――というやりとりをセンターの野手も見ていて、牽制球を本当に投げるときにはセカンドベースに向かって疾走し、パスボールになったときの捕球体勢を取る。

――と、この一連の流れと、さらにそれによって大切なお客さまがどう反応しているかを、あなたはスカイボックスから俯瞰図のようにすべて見ることができるのだ。

話がこれだけであれば、至極簡単だ。

しかし職場という現場では、スカイボックスに上がることも容易でなければ、さらに難しい問題がある。

それは、専門家とジェネラリストの問題だ。

ジャグラーの手さばき術のように、他部署の仕事をスカイボックスで見ながら仕事をまとめていくあなたは、あなたの分野での専門家たるべきか、それともジェネラリストであるべきかという問題だ。

それによって動く組織も動かない。

職場とは、プロフェッショナルであるということが問われる現場だと言い換えてよい。なぜなら、プロとは金を稼ぐからプロであり、金を稼がなくていい職場というのは公共組織でなければならないからである。

であるからして、この専門家とジェネラリストの問題は、往々にして、「プロ性」とリンクされて議論されるという枠組みになっているはずなのだ。

ということは、これまた往々にして、専門家が勧められるのであって、ジェネラリストを勧めるという言説はどちらかというと少ない。

転職の世界でも、採用担当者は口ではジェネラリストがありがたいと言いながらも、採用の現場はどうしても「経験」の質疑応答になるので、結局専門性に軍配が上がりがちになる。

なぜといって、誰しも採用面接で「深くわかっているわけではありませんが、だいたいのところを知っています」ということを胸を張って言わないものだからだ。

「プロであれ」、と叱る上司は多いけれども、「ジェネラリストになれ」という上司は少ない。

➡言い換えれば、ジェネラリストとは、「プロ性で勝負をしたときに、専門家に勝つことをあらかじめ放棄しなければならない」オプションだからだ。

この勝てない仕事というのは口で言うほど簡単ではない。

大リーグでも、オーナーという人はスカイボックスに座る。それは、現場の指揮を執る監督という、ベンチに座っている人と比べて野球の技術論で勝てることはない。

スカイボックスの人物に直接の敬意を払う選手もいない。

しかしスカイボックスの人には、外野手のさらに向こう、外野スタンドの人たちがどれだけ野球に熱狂し、野球ビジネスそのものを支えてくれるかという情報がよく見えている。だからこそ、監督という専門家の頂点に立つ人の人事さえ、このド素人のスカイボックスオーナーが握る必要があり、それがメジャーリーグのビジネスを支えてきたのだ。

名門ニューヨーク・ヤンキースの独裁者的な前オーナー、ジョージ・スタインブレナーとジョー・トーリ前監督の確執はいつも面白おかしくメディアに取り上げられてきた。そのたびにトーリが正論のように伝えられたが、しかしアメフトやバスケットといったほかのスポーツとのビジネス競合において、野球界を引っ張るリーダーはトーリではないこともファンはよくわかっている。

だからあなたの場合、組織を動かし、やるべき人とやり合おうというときに、監督という上司に仕えながら、自らはトイレに立つふりをしてスカイボックスによって全体像を常に把握するというくらいのフィールディング（動き方）が要求される。

あなたがいくら優秀でも、会社を変えていくことの難しさを私が序文でくどいほどくり返した理由は、じつはここにある。

だから当然完璧は望めない。

いやそんなことより、ジェネラリストとしての能力に本当にあなたが本気で興味を持つことがむしろ大事だ。

たとえば目測力の話を出すと、目測力とはジェネラリストにしか見えないはずなのだ。なぜといって、個々の専門家は（ジャグラーの手さばき術などで）全体での軌道修正や戦略的対峙、さらには撤退の目測を持つことはできないからだ。

経営についての多数の著書を出したドラッカー教授も、「専門知識は断片にすぎず、それだけでは不毛である」と言っている。つまり、彼も専門知識は全体像の中に統合されて初めて企業にとって意味を持つという意見の持ち主なのだ。

会社の事業は市場への全体的な貢献を最終的な価値（利益）にしているわけで、その意味では全体にプラスを及ぼさない「パーツ功績」などそれは独りよがりといって差し支えがない。

そして全体に対しての理解がないものに対しては、パーツと全体とのリンクがわからない。わからなければ、それが全体にとってプラスなのかマイナスなのかさえもわからないのだ。

►ここでのPoint

► 上司を動かして組織に成功をもたらすには、誰かが全体像をつかんでおかねばならない。

► 知識に優れた人間は(上司も含めて)あなたが使えばいい。

► 資格の時代と言われるように現代の職場では専門性が過剰に強調されるが、パーツが優秀であっても仕事は回らない。あなたが全体像をつかまなければ、今度はあなたが後輩に追い込まれることになる。

上司を動かすテクニック

21

ゴマは絶対にするな！

部下を褒めることが大切なように、上司に対しても正当に褒めてあげることが大事だと述べた。

いや、部下については、あなたが褒めなくてもあなたの後輩やら、ほかの人が褒めてくれるかもしれないが、あなたの上司はあなたが褒めないとほかに誰も褒めてくれる人がいない可能性がある。

だから、褒める行為は本当にあなたが意識してやってあげないとうまくいかない。

ただ、それはあくまで正当な褒めであって、ゴマすりでは絶対にない。

ゴマすりは本当にみじめで、滑稽であり、そしてあなたにとって何もプラスにならない。ゴマは、すられたほうはそれがゴマだと本当によく気がつくものである。

別に悪い気がしないから、怒ることがないだけであって、それは本当に褒めるべきところを見逃し、的にあたってもいないダーツに満足しているあなたの見識を疑われている。

➡だから、一時しのぎにゴマをすると、そのコストが確実にあなたに跳ね返ってくることをよく理解するべきなのだ。

私の上司にも、職場のトップに対していろいろな形で気を使う人がいた。

つきあい麻雀や、毎晩の居酒屋など、際限がないということは恐ろしいと思った。

そのトップは子供の受験のために単身赴任で来ていたから、プライベートな時間がまったくないと言ってよく、まさにアフターファイブはエンドレスだった。

もちろん、賭け麻雀だから、弱い人たちにはたまらなかっただろうと思うし、勝てば勝ったで、負けたほうの上司が機嫌を損ねるというから手に負えない。

あの当時、私の職場は、まず「昨日の麻雀、誰が勝った?」というひそひそ話から始

まっていた。

じつに情けない話なのだ。

私が、日頃から酒は部下や上司と飲むな、妻と飲めと公言しているのは、ゴマすりの代わりに酒を飲む、麻雀をするという可能性を危惧している部分もある。

そんなものから自由になって、その時間で自己研鑽や、やりたい仕事をやるべきだと私はそう主張する。

しかし、そういう話をすると、ときどき、上司に対して親切にすることさえもゴマすりと勘違いする人がいるから困りものだ。

親切はゴマすりとは180度違う。

むしろゴマすりの本当の問題はその強制性や偽善性といったネガティブな波動を職場に蔓延させることなのだ。

それに比べると、相手が根性上司だろうが軟弱上司だろうが重箱上司だろうが、人としてそっと差し出す親切が職場にいい影響を及ぼさないはずがない。

本書は、その性質上、上司が「ダメ上司」で、あなたが「能力ある社員」であるという前提で来ているが、実際には能力以外にも「人間力」の要素で人は動いたり動かなかったりする。

それをテーマとしてしまうと1つのテーマを持った本としての収まりを超えるからしなかっただけであって、それが重大な問題であることにはいささかの変わりもない。

この本の最後に、今後のあなたのスキルアップへの工夫の参考のためにもこの「親切」というコンセプトにちょっとだけ触れておきたい。そこで伝えたいことは、

――もしあなたが相当なる努力をして上司を動かし、追い込み、会社を変えていこうとしても、結果として今日上司をリードできなかったとき、あなたは反省するのもいいが、むしろ明日「親切」を上司に1つでも提供してまたあさってから動かす――という考え方だ。

くどいようだが、それはゴマすりでもチープな「掌握術」でも「小手先の会話術」でも

ない。

では、具体的にどんな親切を企画すればいいのか？

たとえば、こんな例を出そう。

海外や遠方への出張の多い上司だったら、上司に代わってその奥さんの「いざ」というときに役に立つということは大事だ。

もちろん、いざというときなどめったに来ないので、いざというときに電話してくれればいつでも出動するというようなことを表明しておくのは感謝される。

ここまでは誰にもできるという意味において「親切」ではない。

もちろんあなたのことだから、口だけでのことなら言わないほうがましだと考えている。

私の例を紹介しよう。

これは私が実際にやっていることだが、手製のカードを作ってあげるのだ。

■そこには保険会社の電話番号が書いてある。

■それから、緊急連絡先、たとえば、ご主人の携帯電話番号やら、レッカー車の番号やら、ＡＡＡ（日本で言えば、ＪＡＦの番号）やら。

■その中に、私の自宅の電話番号を入れておき、さらに「目撃者に名刺をもらっておくべし」とか、「現場の写真をケータイで撮っておくべし」などのアドバイスもいろいろ書いてある。

それをカード形式に（私の場合はラミネーターを使う）して渡してあげればこんなに心強いことはない（特に女性ドライバーには強く感謝される）。

事故を一度でも経験した方ならうなずいてくれるはずだが、事故当時はたいてい気が動転していて、配偶者の携帯番号さえ忘れてしまうこともある。

じつはとても偶然なことに、この原稿を書いているときにミネアポリスという都市で私自身がごく小さな追突事故をくらったのだが、あの「あーあ」という気持ちは「あーあ」

以外に書きようがない、身体中の力が抜けていく事象だ。

そして同時に、ジャグラーの手さばきどころか、自分が何をすべきかというところに対する発想が極めて断片的になり、またロジカル思考が稚拙になる自分を見出し、自分ごとながらじつに不思議で面白いと思った。

考えるスピードが遅くなり、また言葉がなかなか紡がれない。


そんなとき、私の「親切」が決しておせっかいではなく、有効なものなのだと実感した。

こういう親切こそは、相手がどんな上司だろうと感謝されるはずである。

メビウスの輪のような酒をくり返したり、取ったり取られたりの偽善麻雀につきあうより、人間として、上司の不安に応え、親切を尽くしてあげようではないか。


この本の最後において主張しておきたいことは、**上司を動かし、あわよくば追い込むということと、上司を嫌悪したり論破したりすることは同じことではない**ということだ。

いや、論破された上司こそかえってあなたの言うとおりにはしないはずだ。

あなたは動かすプロセスを継続しながらも、しかし、上司にも部下にも等しく人間力を発揮していくことが期待される。

ここで「序章」の話に戻ると、Y社の割引は、上司を論破してでもやろうとした私が稚拙だったのだ。

本当にやりたければ、トイレ重奏術ですべての管理職とトイレで並んで「Buy-in」を集めればよかったのだ。8人の管理職と2分のトイレをご一緒しても、たかだか16分を使うだけという話だ。

そんなに頻繁に小便は出ない？

フリでいいのである。誰も覗き込みはしない！

► ここでのPoint

► 上司を追い込むということは上司を論破することとはまったく違う。上司を嫌うことでもない。

► この際、あなたにとっての好き嫌いはどうでもよく、あなたのやりたい仕事をさせまいとする障害を除去できればそれでいい。

► そして少々逆説的だが、これを実現するにはあなたは人間力を発揮しなければならない。

► なぜといって、肩書きの大小にかかわらず、リーダーシップとはそもそも人間力だからだ。

コーヒーブレーク

理髪店でも役立った「全体像」の見せ方

「スカイボックスマネジメント」の項でも説明したが、全体像がなぜ人の生活に利益をもたらすかということを、身近な例でも話してみたい。

私が通うラスベガスの理髪店がある。

通ったこの15年の間に、この理髪店のおばさんは、離婚をし、家を移り、妹が失職して住み込んできたり、オーナーと喧嘩して勤務する理髪店を6回も替わったりしている。そのたびに私も彼女について店を替わる。

しかし、アメリカの理髪店はどこもみなそうだが、1人ひとりが個人経営者のようなもので、ハサミ1つでどこにでも行く。みんな、自分のお客さまから上げた売上の中から20%から30%の「ショバ代」を理髪店のオーナーに払うという形式だ。営業時間や営業日さえ、かなり自由がきく。

1回が30分である。

髪の多い人もそうでない人も、その30分枠の中で処理をする（そうでないと、予約制を実行するのは難しい）。

だから彼女の大きめの手帳は、30分ごと、予約を取って埋まっていく。

予約はすべて電話である。

あるとき、彼女が私の髪を切っているとき、お客さまからの電話がかかってきた。当然、手を休めざるを得ない。

「今日の空きは、9時半と11時と11時半と3時です」としゃべる。

私の髪を切っている最中に電話がかかってくるわけだから、どうしても彼女は早口になる。

誰か電話番がいるとか、はたまたインターネットでお客さまに書き込んでもらうなどできれば、とこちらは勝手にアイデアが膨らむが、現実的でないのはよくわかっている。

彼女が早口ということもあるのか、横で聞いていると、いつもお客さまのほうから、「くり返し」を要求しているようだ。

それが証拠に彼女は9時半と11時と11時半と3時という情報を何度もくり返している。そして、しばらくのポーズ（顧客が電話の向こうで考えている）があり、予約を取るかそうでないかの判断が下る。

「あたしは早口すぎるのかしらね」

私の髪に戻りながら、彼女がそんなことを言った。

「いや、問題なのはあなたが早口なことではなく、あなたが全体像を言わないことだね」

と、私は言ってみた。

「全体像？」

つまり、こういうことだ。

「今日は午前に3カ所、午後に1カ所の空きがあります。それは――」と言えば、お客さまもイメージがわく。

そのイメージに、あとから続く具体的に空いているスポット（9時半とか11時とか）を、お客さまが自分の脳みその中で埋め込んでいくことができる。

それを立て続けに9時半とか11時とか続けられては、お客さまは「スポットがいくつあるのかという全体像」がわからないので、脳みそがフリーズしてしまうはずだということを教えた。

9時11時……とやるのは、言い換えれば、全体像を把握する努力をお客さまのほうで払ってもらうということだ。

そうではなく、サービサーのほうから、まず全体像を与える。

すると、午後にしか身体が空かないお客さまは、その午後の1スポットだけを注意して聞こうとするから、もう迷うことがない。

あるいは、「午前はダメなんだ」とさえぎることのほうが現実的だ。

これで、「協議時間の短縮化」が実現できた！

おわりに

企業戦略を紙芝居にしてはいけない。

この本は、万人に向けて書かれてはいない。

やる気があるのに、そのやる気を萎えさせるような上司や組織に苦しんでいる人にのみに向かって書かれている。

憎むべきは上司のご都合至上主義だ。上司ではない。

私の主張の根幹は、日本の国富としての労働力の流動性の増強だから、当然、そんな組織で我慢するくらいならスパッと辞表を書いてしまおうということになる。

しかし、それでも今の仕事に命をかけてしまうビジネスマンがいる。

それを否定はしない。

自分のためだけなら、かける命もたいしたことはないが、しかし、「組織にとって正しいこと」という言葉に込められる、組織に働く従業員たち、その家族の生活、いろんなことを思うと、いつしか自分の命をかけてでもやらねばならないとまで仕事に打ち込むことだってありうる。

そんな人たちには、これまでの私の著作のように、「あなたのスキルアップのためにも、今夜こそ辞表を書きましょう」という言葉は、たしかに届かない。

➡**そんな熱い人たちに、それでも命をかけてはいけないと無駄な忠言をしながら、具体的には、命をかけるくらいなら、上司を動かし、組織を前進させることで正しく仕事を回していこうということを伝えたかった。**

文中にも出てきた孫正義氏を、本当にすごいと私が思ったエピソードがある。

ＪＡＬを再建させたあの京セラの稲盛和夫氏にたてついたのだ。

まだ事業としては黒字１億円程度だった孫氏が、世界の稲盛氏に直談判に行く。電話回線につけるアダプターのセールスだ。

覚えている人もいるだろうが、その頃は第二電電などの安い電話をかけるには、電話番号の前に4ケタの番号を回さなければならなかった。

これが、アダプターをつければ、普通にかけるだけでよくなるというのだから消費者には嬉しい話だ。

京セラは第二電電のオーナーだった。稲盛氏はその場で注文を決めるが、このときには独占契約を主張する（井上篤夫著『志高く　孫正義正伝』実業之日本社、2004、に詳しいエピソードあり。児玉博著『幻想曲』日経BP社、2005とあわせて勧めたい）。

孫氏は新電電会社の各社と取引をすることで大きな売上を見込んでいたが、カリスマ・稲盛に圧倒されて、その場で独占契約書に判をついてしまう。

ところが、である。

やはり、会社にとって正しいことは、独占契約ではなく誰に対してもこの商品を売れる立場にいることだと考え直した孫氏は、「契約書を返してもらえませんか」と、翌日稲盛氏を訪ねることになる。

孫氏は怒鳴られ、散々なじられるが、稲盛氏は契約書を返してくれた……。

結果、孫氏はＯＥＭによって巨額の富を得ることになる。ソフトバンク王国の資本的基礎はここにあると言っていい。

これはいろんな意味ですごい話だ。今の孫氏なら、独占契約を主張する稲盛氏の姿が事前に見えるだろうから、圧倒されるような場所に丸腰で出かけていくことはあるまい。

しかし、あなたにも私にもそして孫氏にも、そのときの視野・視力で見えるものには限界がある。

そういうときのために「シャワールームシンキング」なり、「スカイボックスマネジメント」なりがあるわけだが、孫氏が一夜にして「営業マン」の視点から自分の会社の「経営者」の視点に変わったときにそういったテクニックを駆使したのかどうかは、ご本人に聞いてみたいところだ。

いずれにしても孫氏はその〝気づき〟に従って行動を起こした。

そして、組織にとって正しいことをするために、相手が稲盛氏だろうが、自ら頭を下げて契約書を取り返しに行くということさえやってのけた。それが孫氏の底力であろう。

これは、「生きるか死ぬか」だ。

私は現実のコンサルティングの世界では、「なるべく生きるか死ぬかの話にせず、つまり、失敗したらそれでビジネスがダメになるような状況にはしないこと」が肝要だと考え、そのように経営者にアドバイスをする。

しかし、人はいざ本当に生きるか死ぬかの世界で勝負をすると、そのときはとてつもない迫力を見せる。

すると、あの稲盛氏さえ孫氏を許し、契約書を返すなどということをすることもある。契約書を返してもらいに行った孫氏もすごいし、無罪放免で返した稲盛氏にも言葉にできない畏怖を感じる。


その意味で、**あなたがこれに近い仕事意識を持つ場合、私が達観したように呟《つぶや》く、「ご同輩、どうせ会社なんか変わらないよ」などという言説は、あなたの熱意によって多分にひっくり返される可能性がある**――そういうことを私自身が自分への戒めとして感じておかねばならない。

筆を擱《お》くにあたってそんなことを思った。

この類書なきコンテンツを世に出すことを引き受けてくださった光文社の坂口貞雄氏に心からのお礼を申し述べたい。意義あるペーパーバックスBusinessという新シリーズにトップバッターに選んでいただいた栄誉を縁に、文庫化の際も担当していただいた。これで「長野慶太の焚書シリーズ」文庫版も3作すべてが揃った。こんなに「危ない世界」にまで光文社を引っ張り込んでしまった共犯として、じつに楽しかった執筆プロセスを、感謝とともに振り返る。

また、アップルシード・エージェンシーの鬼塚忠氏にはいつもどおり、出版にあたり細かいご配慮をいただいた。

千葉県観光協会の安田敬一会長には、渡米してまだ間もない頃から言葉に尽くせぬご教導をいただいている。文中書いた、「親切」とは会長から直接学んだ「コンセプト」である。

フジサンケイビジネスアイ新聞の小澤昇元取締役には真にグローバルな観点からご指導をいただいており、ともすると日米関係に偏りがちな私の世界観を矯正していただいている。

母校でのゼミ指導教授でいらした飯野靖四先生には積年の感謝を申し上げたい。非合理なものに出合うとつい声高になる私の性格は先生の影響を強く受けている。

千原信悟氏には仕事に対する情熱だけを武器にどんなタイプの上司さえも自分を惚れさせてしまう生きざまを見せていただいている。

そのほか、多くの方の温かい御心によってこの本が成立している。

その昔、私が操縦しようとしてうまくやれず、逆に正面衝突を起こしたかつての上司でさえ、いつか機会があればお目にかかって過日の感謝を述べたい。

最後に、ご相談に訪ねてくださるたくさんの経営者や管理職の方々、リーダーシップ論の講演の講師に呼んでくださって楽しい質疑応答におつきあいくださる日本中の「リーダー」のみなさんの意欲に感謝と敬意を表します。


——企業戦略とは、「それでもやりたい」というあなたの情熱がなければ単なる紙芝居だ——

知恵の森
KOBUNSHA

アホな上司《じょうし》のもとで働《はたら》く21の法則《ほうそく》

著　者—長野慶太（ながの けいた）

2012年　12月20日　初版1刷発行

発行者—丸山弘順
組　版—萩原印刷
印刷所—萩原印刷
製本所—ナショナル製本
発行所—株式会社 光文社
東京都文京区音羽1-16-6 〒112-8011
電　話—編集部(03)5395-8282
書籍販売部(03)5395-8113
業務部(03)5395-8125
メール—chie@kobunsha.com

ISBN978-4-334-78618-2　Printed in Japan

78426-3
aい6-1

石井《いしい》 裕之《ひろゆき》

「何となく」が行動を左右する

コミュニケーションのための催眠誘導

「何となく」の印象で人の行動は決まる。見かけはそれほどではないのに、「何となく」他人が惹きつけられる。その違いは？「潜在意識」によるコミュニケーション法。

580円

78581-9
tい8-1

石原加受子《いしはらかずこ》

「意識の法則」が人生の流れを変える

もっと自分中心でうまくいく

つい人と比較してしまう、人と向き合うのが怖い—。そんな他者中心の生き方では人生はつらくなるばかり。まず自分を愛することから始める「自分中心心理学」の基本を解説。

700円

78217-7
aい3-1

伊東《いとう》 明《あきら》

ビジネス・人間関係を制す最終兵器

「聞く技術」が人を動かす

「話術」よりも「聞く技術」。カウンセリング、コーチング、社会心理学、コミュニケーション学に裏付けされた技術をすぐに使えるように解説した本書で、「話を聞く達人」に。

560円

78591-8
aい3-3

伊東 明

人を惹きつけ、動かす「ビジネス心理学」

「人望」とはスキルである。

人望のあるなしは、才能や性格によって決まるのではない。誰でも学び、伸ばすことのできる技術（スキル）なのだ。人を惹きつける心理学的テクニックを、豊富な例で指南。

740円

78605-2
tい10-1

井村《いむら》 雅代《まさよ》
松瀬《まつせ》 学《まなぶ》

努力する心の育て方

あなたが変わるまで、わたしはあきらめない

「駄馬を名馬に変えるのが、コーチの仕事です」—。出場した全オリンピックでメダルを獲得したシンクロナイズドスイミングの世界的指導者が、コーチングの肝を語りつくす。

700円

78574-1
tお8-1

大前《おおまえ》 研一《けんいち》

そうだ！ 僕はユニークな生き方をしよう!!

新版「知の衰退」からいかに脱出するか？

この国をむしばむ「知の衰退」現象を鋭く抉り出し、中国、台湾、韓国でも大反響を呼んだ衝撃のベストセラーが待望の文庫化。大幅加筆で、大前研一が再度あなたに問いかける！

880円